隋唐與後三韓關係及日本遣隋使遣唐使運動

王　儀著

中華書局印行

隋唐與後三韓關係及日本遣隋使遣唐使運動目錄

壹　前　言

一　韓國歷史與中日兩國歷史不易分開

大韓民國雖然建立在中國東北邊境的朝鮮半島，但其發祥地，卻在鴨綠江以西，原屬中國遼東之地——殷末周初，箕子開拓朝鮮的基地。今日大韓民國（包括南韓、北韓）的疆域，則是承繼朝鮮半島上古朝鮮的遺產。

朝鮮半島是亞洲大陸與日本列島間的唯一「旱橋」，是日本邁入大陸的跳板，由於地理形勢使然，一部韓國歷史，自上古以迄現代，難與中日兩國的歷史分開；「中韓一家」，水乳交融，固屬鐵的事實，但韓人遭受其強鄰日本的侵凌，亦史實俱在。而中國基於道義立場，一再援助韓國獨立，不惜與日本兵刃相見，濟弱扶傾的泱泱大國風範，不僅是亞洲史上所鮮見，即是世界史上亦屬罕有。

二　韓國名稱的由來

韓國始稱「朝鮮」，爲中國所命名。因其位在東方，以日光早明而得名。箕氏、衞氏時代，皆沿用朝鮮國號。

西元前一世紀後，東胡族的烏桓、鮮卑騷擾中國東北，中國大陸通往朝鮮半島的陸路交通因而阻斷。此時，朝鮮半島上有「高句麗」、「百濟」、「新羅」三國的興起，形成「三國鼎立」的局面；

韓國編年史稱之為「後三韓」。

西元七世紀，「高句麗」、「百濟」先後爲唐所滅，「新羅」通款納貢於唐，爲中國文化輸入朝鮮半島的極盛時代，唐高宗目新羅爲「君子之國」。及唐武后稱帝，人心離散，新羅盡倂高句麗、百濟故地，稱雄朝鮮半島。

西元九世紀末葉（唐代末期），朝鮮半島上的政治形勢又復改觀，新羅式微，半島出現「新羅」、「後百濟」、「泰封」三國對峙之局。西元九一八年（後梁末帝貞明四年），泰封侍中王建自立爲王，國號「高麗」。未久，新羅不堪後百濟侵逼，投降高麗。繼之，後百濟亦爲高麗所倂，高麗統一朝鮮半島。

西元一三九二年（明洪武二十五年），李成桂（李旦）篡王氏高麗，復號「朝鮮」。其後，李氏朝鮮統治半島達五百年。

西元二十世紀初（日俄戰後），朝鮮脫離大國羈絆，成爲一獨立國家，改稱「大韓」。

西元一九一〇年（淸宣統二年），日本倂大韓，復其「朝鮮」舊號。

第二次世界大戰期中，韓志士在中國組織光復軍，對日作戰，中國朝野對韓人的復國運動，殊多贊助。

西元一九四三年（民國三十二年），中、美、英三國領袖在開羅會議， 蔣委員長建議「朝鮮於相當期間內自由獨立」，而獲通過。

西元一九四五年（民國三十四年），中、英、美三國菠茨坦宣言，重申開羅會議宣言（剝奪日本自第一次世界大戰在太平洋上所獲得或佔領之一切島嶼。日本竊取中國東北四省、臺灣、澎湖列島均應歸還中國。朝鮮獨立。日本主權限於本州、北海道、九州、四國及指定之小島。）迨二次世界大戰結束，韓人於西元一九四八年（民國三十七年）八月十五日光復國土，復號「大韓」，成爲獨立國家。

三　韓國戰略形勢重要

韓國爲黃種韓民族的居地，位於亞洲大陸東陲，從中國東北向東南伸出的大半島，面積八五・二四六方哩。北與中國東北及蘇俄濱海省接壤，南隔對馬海峽與日本相望，西臨黃海，東濱日本海。就地理形勢言，朝鮮半島爲亞洲東北大陸和海洋間的走廊，甚具戰略價値，大陸國家每以朝鮮半島爲橋樑，向海洋發展，而海洋國家又以朝鮮半島爲踏上大陸的跳板。溯自日本崇神天皇（當漢武帝時代）支援朝鮮半島「三國分立時代」的大伽耶（又名任那，今慶尙北道高靈郡），渡海登陸朝鮮半島，以及日本神功皇后於任那置日本府，駐劄重兵，統制諸韓以來，波瀾常由此半島湧起，陸上大國與海洋國家的衝突，遂在半島展開；中國當唐、明、淸時代，因韓國問題而與日本在半島兵刄相見。淸日甲午戰後，繼有日俄之役，中、俄先後戰敗，日本遂併有朝鮮。直至二次世界大戰結束，韓人始自日本掌握中解放，但卻因美、蘇二國的分別佔領，朝鮮半島出現南北二政權，致有韓戰的發生。就戰略形勢言，南北韓的戰爭，是海陸兩強的半島爭奪戰，除非一方獲得壓倒性的勝利，否則南北分立的韓國，仍然無法建立統一的政府。

四　中韓兩國是血肉相連的兄弟之邦

中、韓兩國國境相連，中韓關係可遠溯至五千年前的新石器時代。

據考古學家在朝鮮半島西南部所發現的「撐石」（西方學者稱之石棹），認定是新石器時代的文化遺產。「撐石」以天然大石爲頂，另以三、四短細石柱支撐而立，其形式一如中國山東半島的「石棚」。在朝鮮半島中北部發現的「石棚」，是新石器時代末期至金石並用時代的文化遺產，用四大石壁以代支柱，頂石之邊，伸出四壁之外，其形狀與中國遼東半島的「石棚」相似。遼東半島與朝鮮半島一江（鴨綠江）之隔，山東半島與朝鮮半島一海（黃海）之隔，中韓兩國相距不遠，文化遺產相同，誠非偶然巧合。

依據文字史料，中韓兩國關係，可追溯三千餘年前殷末周初，箕子經營遼東，進而拓展朝鮮半島北部開始。日本歷史學家林泰輔氏亦云：「當時（指古朝鮮）之所謂朝鮮者，與今日疆域完全不同，大抵含今之遼東及朝鮮之北部。」（朝鮮通史）漢惠帝時代，燕人衛滿驅逐箕氏，建立衛氏朝鮮，統治朝鮮半島北部。箕氏後裔南下馬韓，另建政權，自立爲韓王，朝鮮半島上呈現兩個中國客籍政權南北對峙的局面。此時，半島南部又有「三韓」的分立，除「馬韓」爲半島土著民族所建外；「辰韓」爲秦之亡人所建；「弁韓」爲齊東亡人所立，均爲中國人建立的政權。其後，嬴秦暴政，東漢末年的黃巾賊亂，西晉末年的五胡亂華，中國人不堪苛政、賊亂與胡人的迫害，相率遷往朝鮮半島避難，長期定居，與韓人通婚，促成中、韓兩國不僅是壤地相接的唇齒之邦，亦是血統相同的兄弟之國。這不僅是中國人民的光榮，亦是韓國人民的光榮。

中、韓兩國在三千餘年的長期交往，間有不愉快情事，甚而訴之戰爭，但由於文化的交流與道義的互助，每能彌補怨嫌，契合無間。唐歷太宗、高宗前後以二十四年時間，傾全國的力量援助新羅，以抗高句麗、百濟、日本；十二世紀王氏高麗不服遼、金而親弱宋；十七世紀明神宗爲支援李氏朝鮮而與日本作戰，不惜披髮纓冠，劍及履及，歷七年的苦戰，動員數十萬大軍，耗資七百八十餘萬兩，終使韓人存其社稷，而中國未嘗索一文之酬報；充分表現宗主國的風度，其爲韓人效力，不可謂不大。明亡，李氏朝鮮對明不忘，李氏王朝在宮中設「大報壇」，每年祭祀明太祖、神宗、思宗三帝，對明思宗殉國，尤爲崇敬。朝鮮英祖二年（淸雍正四年、西元一七二六年），北靑明毅宗御筆「非禮不動碑」立碑，其文有謂：「偶得崇禎御筆四大字而來付與於故奉朝賀宋時烈仍口貞珉建祠其傍，名曰『萬東』，蓋取一間茅屋祭昭王之意。嗚呼！此豈非體聖祖尊周之大至歟……實畫如新，再三欽奉，涕泗被面，……以伸追恭之忱云爾。」觀此可證李氏朝鮮對朱明的心悅誠服，感念不忘。再如淸德宗支援李氏朝鮮與日本的甲午之戰，可謂中、韓兩國道義上的最高表現。這種道義精神啓示吾人，「國際間必以文化道義相濡呴，而後始有和平共存的可能，亦卽人類社會必以文化道義相濡呴，而後世界纔有永久的和平。」而一部中韓關係史，正洋溢此一崇高的精神。

五　中日同文同種淵源尤深

中國與日本，誼屬同文同種國家，不僅是兄弟之邦，且是唇齒相依，在地理上，一衣帶水（日本海）之隔，關係密切；（當中生代 Mesozoic era 時中國東部與朝鮮、日本相毗連。迨新生代 Caino-zoic era初，亞洲東北部與美洲西北部毗連之處，被海水沖斷，形成白令海峽；日本西部與亞洲東部毗連之處，亦因地殼變動，陷落而成日本海，致與大陸隔斷。）在歷史上，日本恪修貢職，淵源尤深，遠在周代，已有「倭人貢鬯草」（論衡儒增篇）及「南倭北倭屬燕」的紀錄（山海經）。

日本經魏晉南北朝以來的入貢中國，於瞻仰中國文物教化之餘，向化之心，早已萌芽。加之漢字漢學的輸入，日本朝野對中國經典已略有所窺，欽慕之心，油然而生，日本上下均持同一願望，冀能建立一華化國家。爲達成此一計劃的實現，於是有「遣隋使運動」，以便將中國文化作有系統的輸入。日本於是由漫無目標的隨意行動，變爲有計劃的積極行動來爭取中國文化的輸入。隋亡唐興，日本留學生與學問僧先後返國，上奏舒明天皇說：「大唐國者，法式備定，珍國也。常須達。」（日本書紀）。於是日本知識階級咸以「景慕之情懷，模倣之欲望，勃不可遏」的興奮情態下，繼續擷取中國的優秀文化，因而繼遣隋使之後，復有「遣唐使」之舉。由於隋、唐時代，日本推行「遣隋使運動」及「遣唐使運動」的結果，有計劃的大量擷取中國文化，使日本成爲華化的國家。

元師兩次東征，留日之宋遺民與宋僧，假託「禪悟」，以必勝信念，鼓舞鎌倉幕府將軍北條時宗，助長武士之勇氣，而漢人後裔亦盡力與日人抵抗元軍，此爲日人永不能忘者。

在元師東征的前後三十餘年間，爲中日關係史上最不愉快時期，中日關係雖一時中斷，但中日兩國民間的往來與商務關係的進行，迄未因兩國邦交的惡化而停頓，中國文化賴以東傳日本，對日本美術及日人的生活，多有影響及改善。

明末淸初，中國學者避難至日頗多，朱子及王陽明學說瀰漫三島，迨日本明治維新，一戰勝我，再戰勝俄，日本一躍而爲世界大國，於是摹仿西法，力求政治革新；中國留日學生日衆，淸季之變法與革命，殆受日本維新之影響。

惟二千年來，中國所施於日本者厚，而日本報之者酷，此種情形，在日本明治維新「軍國主義」正熾，「大陸政策」產生後，益爲顯著；民國成立以來，更復變本加厲，對我侵略。故中華民國自締造始，至八年抗戰，日本失敗止，此三十四年間，不啻爲日本侵華史。惟善鄰睦友，爲我傳統政策，以德報怨，更爲我中華民族最高的德性。故當我抗戰勝利之日， 蔣總統秉賦中國傳統之寬容精神，不咎既往，宣示國人，以「不念舊惡」及「與人爲善」之態度，對戰敗國之日本，不採報復政策，以期中日重修邦交，攜手合作。是則，不獨中日兩國身受其利，且東亞和平亦賴而維護。反之，兩敗俱傷，中日兩國固無前途可言，而世界和平亦永無實現之期。唇齒相依，利害攸關。自民國四十一年（西元一九五二年）四月二十八日「中日雙邊和平條約」簽訂後，宿怨盡釋，中日兩國欲保障其國際地位，必須密切合作，共同致力於東亞和平之建設。

貳　「後三韓」與駕洛六國的興起

一　韓史的「三國分立時代」

韓國的編年史，以馬韓、辰韓及弁韓稱「前三韓」；而以新羅、高句麗及百濟稱「後三韓」。「前三韓」是韓國的史前期，它和箕氏、衞氏的古朝鮮，同時分領半島南北的疆域，「後三韓」纔屬韓國歷史的開端。

漢武帝平定衞氏朝鮮後的一百年間，朝鮮半島有新羅、高句麗、百濟三國的興起；新羅在東，高句麗在北，百濟在西，是為「三國分立時代」。然有漢、魏之郡縣，及其他諸小國家介於其間，發生種種紛擾之故，事實上朝鮮半島之分屬新羅、高句麗、百濟之統轄，則是三百餘年後（約中國東晉初葉）之事。

在「三國分立時代」，與「後三韓」並立的駕洛六國之一的大伽耶與日本接觸最早，為日人插足半島的基地，故一併介紹。

以下依新羅、高句麗、百濟、駕洛建國先後，順序說明其建國經過。

二　新羅的建國

新羅出自辰韓十二國中的「斯盧」，位於朝鮮半島東南部的慶尙北道，建國年代在漢宣帝五鳳元年（西元前五七年），定都金城（今慶尙北道慶州。金城與平壤同爲韓國的二大文化故都）。惟日本史學家林泰輔認爲新羅建國年代約與高句麗同時（按高句麗建國於漢元帝建昭二年、西元前三七年），但未能提出有力論據，仍從前說。

韓史記載新羅建國，頗多怪誕不經之說，此與東方國家每喜藉神力，以渲染其開國神聖如出一轍；中國盤古開國如此，日本神武開國如此，古朝鮮檀君開國亦復如此，新羅開國亦無例外。

新羅始祖姓朴，名赫居世，又名弗矩內，是個卵生的神話人物。據傳當年朝鮮半島東海岸土著分隸六村（卽辰韓六部），一日，高墟村長蘇伐公在林間忽見一馬跪而長嘶，急往查視，馬已杳渺，得一大卵，剖之，內有男嬰，六村奉爲神人，善加撫養。及長聰慧異常，年十餘，六村共立爲君，稱「居西干」，此辰韓語王之意也。赫居世因是卵生，卵像瓠，俗又以瓠乃朴所剖，故以朴爲姓，國號稱「徐羅伐」，韓語急讀之爲「新羅」。建國未久卽合併辰韓。

朴赫居世立閼英爲妃，傳說她是龍女，生於閼英井，爲一老嫗收養成人。下嫁赫居世內輔甚力，時稱「二聖」。自新羅建國以後，赫居世督促六村致力農桑，敎民禮讓。某次樂浪（漢樂浪郡）來伐，發現新羅境內「路不拾遺，夜不閉戶」，敬佩之餘，引軍而退。而東沃沮（今咸鏡道東南濱海的咸興郡）人，對赫居世亦極敬服，稱爲「聖人」，並獻贈良馬。繼而，弁韓亦自動歸附新羅。

朴赫居世死後，南解次次雄繼立，（按次次雄爲辰語「巫」的譯音，君主與巫同稱，足證新羅初葉崇尙鬼神之盛），有昔脫解者自海外來依南解，甚受優容，並以長女妻之。及南解臨終，謂乃子儒理及婿脫解：「朴、昔二姓，以年長者嗣位」，儒理年長於脫解，依遺言應嗣位，然儒理因脫解有德望，願將王位相讓，脫解不受。因諺有云：「聖智之人齒多」，二人乃各噬餅試之，以齒多者繼位，結果儒理齒多，遂即嗣位，稱「尼師今」（辰語齒多之意）。自是至實聖尼師今，凡十六代，均承襲「尼師今」號。

朴儒理死後，昔脫解即位，改新羅爲「鷄林」，相傳城西之始林，一日忽有金櫃懸於樹梢，白鷄鳴於櫃下，脫解急往開櫃得一嬰兒，像貌奇偉，收而養之，名之爲「金閼智」（辰語稱小兒爲閼智），又改始林爲鷄林。

自昔脫解以降，新羅王位歷婆娑、祗摩、逸聖、阿達羅、伐休、奈解、助賁、沾解八尼師今，直至助賁尼師今婿金味鄒，以金閼智的裔孫承繼沾解尼師今之位，遂開金氏參入新羅王統之始。之後，新羅王位由朴、昔、金三氏輪流更遞，而少王統之爭，實屬難得（參考林泰輔著朝鮮通史）。以上諸王大抵用心國事，整飭內政，並以策兼併鄰近小邦。當味鄒尼師今至基林尼師今時代（約當東漢末葉），朝鮮半島上尚有漢的樂浪、帶方二郡存在，新羅位於漢二郡之東，此時高句麗新興勢力雖大，但因漢二郡在地理上的緩衝，避免與之衝突，正可潛養國力。

三　高句麗的建國

高句麗原屬漢玄菟郡轄的小國，位在今平安北道以迄遼東東部，跨鴨綠江之東西。建國在漢元帝建昭二年（西元前三七年），開國者是東胡族扶餘國（今吉林省農安縣）王子朱蒙（一名鄒牟，均爲晉譯）。扶餘爲東胡夷（即所謂東北人）舊五族中之一的滿族所建的國家。三代前的肅愼，秦時的挹妻，均是滿族人所建。漢時除建有扶餘國外，尚有鮮卑、烏桓等國。扶餘自稱是黃帝之子昌意後裔，與中原人（古稱夏舊五族中之漢族，爲中華民族的中堅分子）接觸最早。

高句麗建國經過，韓史亦有一則美麗的神話。傳說扶餘國王解夫婁求嗣心切，遍祭國境山川，求神賜子，一日行抵鯤淵，其坐騎忽對一大石流淚；王命移開大石，發現一金色蛙形小兒，帶回撫養，名爲「金蛙」。及長繼位。得河伯女柳花於太白山（傳說古朝鮮開國者檀君得道之山）南優渤水濱，妻之。後柳花因日光受孕，生一大卵，金蛙用盡力量無法剖開，柳花將之置放溫暖之地，不久，一男兒破殼而出，骨相岸偉。七歲卽精騎射，百發百中，因呼之爲「朱蒙」（按此爲音譯，扶餘人稱善射者爲朱蒙），極得金蛙寵愛。

朱蒙年長，娶禮氏爲妻，兄弟六人均拓其才，欲謀殺之。朱蒙得悉其情，偕烏夷、陜夫、摩離諸人逃亡，當抵達扶餘東南方之淹滮水邊，無船可渡，而追兵趕至，朱蒙身歷絕境，暗祝上蒼說：「我是天帝的子孫，河伯的外孫，現在逃難在外，追兵快要趕上，祈求神明保佑」。禱告畢，一霎時但見魚鱉成羣並浮而來，搭成一橋，朱蒙始能平安渡江，及追兵趕到，魚鱉散去，江水一片。朱蒙一行至毛屯谷，邂逅麻衣、衲衣、水藻衣三賢人，結伴至佟佳江上流的卒本扶餘（今平安南道成川縣），酋長見朱蒙「骨表英異」，以女妻之。其後，酋長逝世，朱蒙以子婿卽位，以「高」爲氏，名其國號爲「高句麗」，定都紇升骨城（按卒本扶餘境內有紇骨山，該城因山得名。魏書北史稱紇升骨城，北周書稱紇斗骨，地在今安東省興城縣附近）。

朱蒙的誕生及建國的傳說，事涉神怪，不足採信，但高句麗之爲扶餘人所創，則爲中、日、韓史家所承認。至韓人喜以卵生人物，作爲神話中心，頗堪玩味，蓋或以卵生爲神聖的象徵，此猶如國人每喜將歷代開國君主出生事蹟，故事渲染以示不同凡俗，藉此贏得國人之敬畏，鞏固其政權，同爲一理也。

高句麗建國未久，松壤（今平安南道成川縣西南的江東縣）人來降，繼之又消滅荇人部（今江原道三陟府）與北沃沮（今圖門江南北，包括咸鏡道）。至瑠璃王駒時代（約當新莽時代），高句麗勢力已自朝鮮半島中部發展至北部，遷都於鴨綠江上流西岸的國內城（今安東省洞溝附近）。當西元一九七年（東漢獻帝建安二年），高句麗人擁立伊夷摸爲王（卽山上王延優），復三遷國都於丸都(今安東省輯安縣，位於洞溝西北的板石嶺上，與舊都國內城相距不遠），成爲朝鮮半島上的強大國家。

四　百濟的建國

百濟位於朝鮮半島的西南，原爲馬韓五十四國中的「伯濟」，亦稱「百殘」。漢武帝征服衞氏朝鮮後，屬樂浪郡管轄。至漢成帝劉驁鴻嘉三年（西元前十八年）始由高句麗的分支溫祚建立百濟國，定都於慰禮城（今忠清南道北稷山，位漢水之北）。

先是，朱蒙自扶餘亡命至卒本扶餘，娶酋長女爲妻，生有二子，長名沸流，次名溫祚。及朱蒙以子婿卽位，本應擇沸流、溫祚二子中之一人立爲太子，結果立前妻禮氏子類利爲太子，蓋朱蒙在扶餘之元配禮氏亦生一子名類利，幼時善射彈弓，某次，彈丸誤擊一汲水婦之盤器，婦人怒責其爲野種，類利哭訴於母，窮詰生父行踪，母以實情相告，卽奔往尋親，父子相見，出驗信物（斷劍各半）相符，朱蒙乃立類利爲太子。

沸流、溫祚自類利立爲太子後，恐兄弟間不能相容，二人偕同烏干、馬黎等十親信與百姓多人，南奔至負兒獄（三角山）查勘地形，自立爲業。沸流喜濱海之地，烏干等諫阻，沸流不納，堅分其民，居彌鄒忽（今京畿道仁川）。溫祚則居慰禮城，因以烏干等十賢士相輔，國號稱「十濟」。

溫祚定都慰禮後，馬韓王以轄境東北百里之地與之，並予保護，溫祚始能專心致力建國的大業。之後，沸流所居之彌鄒忽地濕水鹹，不能安居，而乃弟之慰禮「都邑已定」，「人民樂業」，相形之下，憂憤而死，其臣民乃歸附溫祚，於是改十濟爲「百濟」，取「百家濟海」之義。

自後，百濟歷文婁王、己婁王、蓋婁王、肖古王、仇首王、古爾王、責稽王、汾西王、比流王、契王的三百餘年間，僅保小康之局。

五　駕洛六國的興起

駕洛六國是介於新羅、高句麗、百濟三國之間，散佈在慶尙南北道一帶；駕洛在今慶尙南道的金海郡，阿羅伽耶在今慶尙南道的咸安郡，小伽耶在今慶尙南道的固城郡，古寧伽耶在今慶尙北道的咸昌郡，星山伽耶在今慶尙北道的星州，大伽耶在慶尙北道的高靈郡，韓史概稱爲「駕洛」，亦稱「加耶」，此卽古弁韓地。日史則稱之爲「任那」。駕洛六國中，以駕洛與大伽耶二國爲最大，而後者與日本關係最爲密切，爲日人侵略朝鮮半島的跳板。

駕洛創立之初，無國號之稱，亦無君臣之別，有酋長九人，稱「九干」，治理百姓。戶一百，人口七萬五千；多居山野，鑿井而飲，耕田而食。一日，九干登龜旨峯歌舞得六卵，攜歸卵化六童，一童身長九尺，有偉貌，以其爲新出現之神童，遂名「金首露」（參考李丙燾編著韓國通史），「金首露登龜峯，望駕洛之九村而始國開」（林泰輔著朝鮮通史），所以駕洛國的開國始祖，依然是個神話的卵生人物。駕洛另稱「伽耶加羅」、「狗邪」者，大抵爲同音異譯之故，至稱其爲「金海加羅」者，或係冠以其所據之地名稱也。其餘五童日後均各爲五伽耶之主。

駕洛建國年代爲東漢光武帝劉秀建武十八年（西元四十二年），但史家對此建國年代有持疑義者，認爲駕洛是一舊國，遠在西漢武帝劉徹時代駕洛卽與日本交往，故其建國年代應在西漢初葉。惟依筆者管見，駕洛六國之一的大伽耶（按日史稱大伽耶亦名任那，此爲日史對駕洛的狹義稱謂），在西漢武帝時代卽與日本接觸固是事實，但此時期所謂之駕洛六國，仍係部落的氏族組織，實質上尚未具國家規模，其正式建國年代，仍以建武十八年爲妥。

駕洛疆域雖狹，但該地居民的文化，則遠在其近鄰新羅、百濟之上，故林泰輔氏有謂：「其人民未必爲其土著，殆由海外漂流而來開國者也。」（朝鮮通史）據筆者意見新羅雖出自辰韓（辰韓爲秦之亡人所建），百濟雖爲扶餘人所建，他們固受中國文化的洗禮，但前者遠處半島東陬，對中國文化吸收較緩，且因年久月深，新羅人對其遠祖流傳之中國文化，亦勢必淡漠，後者爲扶餘人所建，扶餘民族雖在漢代已經開化，但欲與中原文化相較，自是望塵莫及。駕洛旣爲古弁韓之地，而弁韓又爲齊東亡人所建，文化淵源有自，加之東漢光武帝時代，中土人士挾其優秀文化與進步的時代知識，前往駕洛從事開拓，宜乎其文化、藝術、音樂與各項建設，較之新羅、百濟進步也。

六 日本插足朝鮮半島之始

當日本崇神天皇在位時代（約當漢武帝末期），日本國內尚未統一，九州以東之蝦夷族（按此族在三千年前，來自亞洲西部，東經西伯利亞而至日本，爲日本最早的土著民族）的勢力正盛，而九州以北的豪族，亦大部獨立。全國各地各以其血統關係，自行結合爲一政治單元，其首領稱爲「氏上」。當中國西漢初期，這種以血統關係而組成的氏族部落，散佈在日本各地，尙有百餘單位，故「漢書地理志」說日本境內分百餘國。是知崇神所建的「大和」，亦僅爲百餘部落中之一而已。

崇神是大和族具有遠大志業的領袖，他爲達成統一日本的宏願，乃派四道將軍出征，大和族的勢力因軍事的節節勝利而向四方擴張。此時大伽耶（即日史所稱任那）仰慕大和族的聲勢，特遣蘇那曷叱知前往大和，乞求崇神遣將卒前來大伽耶鎭守。崇神爲開拓海外事業，對大伽耶的請求，欣然應諾，遣派大將鹽乘津彥渡海來鎭，此爲日本插足朝鮮半島之始。

叁 「東亞中韓兄弟邦，情誼自古不尋常」

——後三韓與隋唐前的邦交

本章僅提出後三韓與隋唐前的邦交輪廓，以供讀者瞭然後三韓建國後，與中國的邦交關係，至詳細內容，筆者另再專書報導。

一　新莽怒改高句麗為「下句麗」

(一)　王莽篡位西漢滅亡

王莽篡孺子嬰位，改國號為「新」，西漢遂亡。

(二)　王莽怒改高句麗為「下句麗」

王莽令高句麗發兵攻匈奴，高句麗不從，莽伐高句麗，斬高句麗琉璃王，怒改高句麗為「下句麗」以洩憤。

二　東漢與高句麗的關係

(一)　光武中興

漢光武帝劉秀推翻王莽政權，漢室再造。

（二） 高句麗入朝東漢光武帝

高句麗大武神王遣使來朝東漢光武帝。

三 樂浪人王景治理汴渠功業不朽

樂浪人王景來華治理汴渠，此後，歷魏、晉、宋、齊、梁、陳、隋、唐八百年而大治，對中國水利工程之貢獻極大。

四 東漢安帝時代高句麗先叛後降

高句麗太祖王宮積極開拓領土，並聯合濊、貊兩族襲漢玄菟郡，爲漢所擊潰。高句麗次大王即位，歸順漢室。

五 東漢順帝時代高句麗寇邊與靈帝時代的降服

高句麗新大王叛漢入寇，迨東漢桓帝時遣師伐之，爲其所敗。東漢靈帝時，再伐高句麗，新大王降屬。

六 遼東太守參預高句麗宮闈之爭

東漢獻帝時，遼東太守公孫度支援發歧與其兄山上王（延優）爭位。

七　漢代文物流傳朝鮮半島的一斑

(一) 西漢五銖錢流入朝鮮半島。
(二) 王莽居攝「泉幣」流入朝鮮半島。
(三) 王莽居攝「年鏡」流入朝鮮半島。
(四) 孝文廟「銅鐘」在朝鮮半島發現。
(五) 東漢「壓勝錢」流入朝鮮半島。
(六) 裝飾品與漆器流入朝鮮半島。
(七) 絲織品傳入朝鮮半島。
(八) 鍊鐵技術傳入朝鮮半島。
(九) 漢畫流傳朝鮮半島。
(十) 漢代壁畫風行高句麗。
(十一) 漢代「銅馬」與「綠釉陶馬」流入朝鮮半島。

八　三國時代魏吳與高句麗及日本關係

(一) 東漢的滅亡與三國鼎立之局

東漢建安二十五年（西元二二〇年），曹丕篡漢，廢獻帝爲山陽公，改國號爲魏。自此中國史上進入群雄割據，分土爭雄，互相慘殺達半世紀之久的三國時代——魏、蜀、吳三分天下。

（二） 高句麗臣事吳國

魏明帝曹叡太和三年（西元二二九年），吳王孫權稱吳大帝，改元黃龍，由武昌遷都建業（南京）。

同年，吳大帝遣使宣詔高句麗入貢，翌年，高句麗東川王稱臣貢吳，吳封高句麗東川王為「單于」。

（三） 高句麗周旋魏吳二國之間

魏明帝召撫高句麗，東川王終斬吳使，臣事於魏，與吳絕交。

魏明帝青龍元年（西元二三三年），高句麗東川王復應吳大帝召，奉表稱臣。

（四） 魏伐遼東威震海表與日本來朝

魏明帝景初元年（西元二三七年），遼東太守公孫淵稱燕王，不奉魏召，並勸誘鮮卑族人侵擾北方。魏明帝乃於翌年遣太尉司馬懿往討遼東，高句麗東川王出兵數千人助司馬懿討之，公孫淵大敗，司馬懿浮海收帶方、樂浪等地，控制朝鮮半島，威震海表。同年，倭女王卑彌呼震於魏勢，遣使朝魏。

（五） 高句麗犯邊，痛遭魏師撻伐

高句麗東川王饒勇善戰而有雄心，不甘長期雌伏魏、吳，乃於魏廢帝正始三年（西元二四二年）襲擊遼東的西安平（今遼陽之東），以圖一快。魏正始五年（西元二四四年），魏幽州刺史毋丘儉率

軍萬餘往伐高句麗，直薄丸都（今安東輯安），洗刼一空，東川王攜妻遁走竹嶺，高句麗軍士四潰。魏正始七年（西元二四六年）春，毌丘儉再伐高句麗，圍攻丸都。戰役結束後，毌丘儉在板石嶺（今安東輯安縣西北）勒石以誌其功。

（六）百濟乘隙偷襲樂浪

當魏正始七年樂浪太守劉茂、帶方太守弓遵，協力支援幽州刺史毌丘儉討伐高句麗之際，百濟古爾王乘隙偷襲樂浪，以冀漁人之利，其志雖未達，但魏與百濟的關係，自不愉快。

九　晉代五胡亂華與前燕對高句麗的册封

（一）三國畢晉統一

魏元帝景元六年（西元二六五年），司馬懿之子炎篡魏，廢元帝爲陳留王，改國號爲晉，是爲晉武帝。由是魏、蜀、吳三國鼎立局面，變爲晉、吳對峙之局（蜀於魏景元四年爲魏所滅）。吳自孫權開國，三傳至孫皓，暴虐無道，晉武帝於太康元年（西元二八〇年）伐吳，皓出降。自是東漢末年州牧割據七十年之久的分裂局面，重歸統一。

（二）朝鮮半島的新形勢與華人的渡日

魏晉之際，鮮卑族新起於遼西，掠有遼東西之地。晉武帝即位之初，朝鮮半島的樂浪、帶方兩郡，尚能繼續對中國交通，日本入貢中國的通路賴以維持。及晉惠帝司馬衷以後，五胡亂華，中國北方之土地，變成匈奴、羯、鮮卑、氐、羌等胡族割據稱雄之所，因之晉與樂浪、帶方聯絡中斷，而中日關係遂亦中斷一百四十七年之久（日本於晉武帝泰始二年入貢中國）。此時，朝鮮半島的政治形勢亦生變化，半島上的小國家各依其形勢利害，而依附高句麗、百濟、新羅，於是朝鮮半島上形成鼎足而三的政治新姿態。至此，自漢武帝平定衛氏朝鮮四百年以來，漢人在朝鮮半島的勢力，漸形消失。

由於朝鮮半島政治的變遷，漢人除部分返回中國大陸外，餘者多留居半島，服屬高句麗或百濟。或以日本爲海上樂土，故在應神天皇時代，大批東渡三島。

（三） 中國文字經百濟再傳日本

中國文物習俗流傳日本，溯自箕子拓殖朝鮮半島之際，已開其嚆矢，至中國文字傳入日本，則在晉武帝開國之初，經百濟再傳日本。

（四） 五胡亂華與晉室南遷

晉室因家族糾紛而導致骨肉殘殺，結果國力削弱，邊事廢弛，士大夫又喜清談，不務實際，朝政腐蝕。因而自漢、魏以還，歷代降服中國而遷居內地的外族乘機竊據，自立政權，演成中國史上的「五胡亂華」——板蕩中原的大禍。

首先叛晉獨立的，是匈奴的劉淵。晉惠帝永興元年（西元三〇四年），劉淵稱漢王。晉懷帝永嘉五年（西元三一一年）六月，劉聰（淵子）遣劉曜攻陷晉都洛陽，執懷帝，翌年殺之，王公百官遇害者達三萬人，史稱「永嘉之亂」。晉室大臣遂立武帝孫秦王業即位長安，是爲愍帝。晉建興四年（西元三一六年），劉曜陷長安，愍帝出降，翌年被殺，晉自司馬炎開國，歷四帝五十二年亡（史稱西晉）。

西晉亡後，瑯琊王睿聞愍帝降，自稱晉王（鎮下邳），及聞帝喪，遂即位建康（即建業），是爲元帝，晉的政權重建於江南，史稱「東晉」。

(五) 前燕對高句麗冊封始末

東晉時代，鮮卑族所建的前燕對高句麗的征伐，是中古時代中韓關係的一件大事，高句麗因懲前燕的痛擊而臣服，因而約有二百七十一年長久時間（東晉成帝咸康八年至隋煬帝大業九年），不敢在中國邊境釁事。

高句麗乘西晉永嘉之亂，中國政局動蕩之際，於愍帝建興元年（西元三一三年）侵併樂浪、帶方二郡。而前燕國勢日強，因妬高句麗領土日廣，乃於東晉成帝咸康八年（西元三四二年），分師兩道侵伐高句麗，高句麗故國原王（名釗，美川王之子）拒之敗績，單騎逃走。前燕軍破丸都，縱火焚城，並掘美川王墓，又囚故國原王母妻，俘男女五萬餘人及美川王屍骸而還。

東晉穆帝永和十一年（西元三五五年），高句麗故國原王遣使前燕納質稱臣修貢，並請求燕王慕容儁釋放其母及妻，儁許之，爲勉高句麗效忠，特授故國原王「征東大將軍、營州刺史」之職，並封「樂浪公」，此爲中國對高句麗冊封之始。

(六) 百濟朝晉

東晉簡文帝咸安二年（西元三七二年），百濟遣使朝晉，簡文帝授百濟近肖古王爲「鎮東將軍」領樂浪太守之職。

(七) 日本侵新羅

東晉哀帝司馬丕時代，日本神功皇后率師越海登陸朝鮮半島侵略新羅，新羅奈勿王降日，並以其子波珍干歧微叱己知爲質，神功皇后留大矢田宿禰鎮守新羅而還。

（八）百濟服屬日本

當日本征服新羅之後，百濟近肖古王卽臣服於日。三傳至辰斯王，日本因其失禮，乃於東晉孝武帝太元十七年（西元三九二年）遣使紀角責之，百濟人懼日本來伐，殺辰斯王以謝罪，日使紀角乃立枕流王之子阿花爲王，百濟淪爲日本的附庸。神功皇后於任那（大耶伽羅）置日本府，以重臣駐劄，統制新羅、百濟、任那軍國事務。

（九）佛教經前秦東晉傳入高句麗百濟

佛教在東晉時代，已光盛昌行於中國，卽使是北方的胡族亦多篤信佛教，蔚然成風。而佛教亦於此一時代傳入高句麗與百濟，爲其國人所信奉。

（十）晉代中國文化對高句麗百濟新羅的影響

高句麗承箕氏朝鮮與衞氏朝鮮故壤，在中國兩晉時代，是朝鮮半島北方的大國，人民尙武，民性強悍，但政府對中國文化亦致力吸收，頗具績效：

㈠ 東晉簡文帝咸安二年，高句麗小獸林王模倣中國教育制度，設立太學，教育子弟。

㈡ 高句麗文字以漢字爲主，從出土的「永樂好太王碑」漢文書法造詣精湛，可資證明。而塼銘上字體介乎漢、晉之間，可知晉代中國文字盛行高句麗一斑。

㈢ 東晉安帝義熙九年（西元四一三年），高句麗廣開土王做照中國典制立國社、修宗廟。

百濟枕流王於東晉孝武帝太元九年（西元三八四年），亦依照中國教育制度，設立太學。新羅則將晉代中國民間風行三月上巳「曲水宴」輸入國內，而普遍流行新羅民間。

十　南北朝中國與高句麗百濟新羅關係

（一）東晉的滅亡與南北朝的對峙

東晉的謝玄，於淝水一戰，大敗自誇「投鞭可以斷流」的秦王苻堅，聲勢一振。可惜江左君臣，陶醉偏安之局，而無反攻決心，因之中興之機，一瞬即逝。大將劉裕以外滅南燕、後秦之功，內定妖黨盧循之亂，因而大權獨攬，遂於東晉恭帝元熙二年（西元四二〇年）迫恭帝禪位，改國號為宋，是為宋武帝，仍都建康，國史轉入南北朝對峙之局。

（二）高句麗百濟新羅對南北朝的兩面交好

高句麗與百濟兩次戰爭，兩國積怨日深，為求自保，雙方乃向中國南北兩政權竭力修好，稱臣入貢，一則可消除外憂，二則可挾外力以自重，三則展開對外侵略，（新羅此時交好中國，目的似在一、二兩點）。

（三）日本上書宋順帝制裁高句麗侵犯百濟

高句麗侵犯百濟，日本雄略天皇以百濟保護者身分，遣使上書宋順帝，抗議高句麗侵略行動，並請宋順帝制裁高句麗。

（四）南北朝時代中國文化對高句麗的影響

(一) 高句麗盛行中國南朝服飾。

(二) 高句麗畫風受北魏影響。

(三) 高句麗大量輸入中國圖書。

(五) 南北朝時代中國文化對百濟的影響

(一) 百濟流行中國南朝石工與雕刻藝術。

(二) 梁武帝派遣專家指導百濟開發工作。

(三) 百濟流行中國南朝飾物。

(六) 南北朝時代中國文化對新羅的影響

(一) 新羅採行中國典制。

(二) 新羅流行中國工藝品。

(三) 新羅寺廟建築及佛刻採用中國型式。

(四) 新羅流行中國南朝服飾及玻璃器物。

(五) 佛教在新羅的盛行。

(七) 南北朝時代中韓文化的交流

南北朝時代，中國與朝鮮半島交通頻繁，高句麗與百濟的歌舞隨之傳入中國，頗受歡迎；南朝劉宋與北燕、北魏都盛行高句麗與百濟的歌舞。而中國樂器，如琴、瑟、笙、箏、竽、簫、箎，以及漢魏以來流行中國的羌胡樂器，如篳篥、鼓角、箜篌、琵琶、腰鼓，亦於此時輸入朝鮮半島，成為韓人的主要樂器。其後，高句麗將中國的七弦琴改造成玄琴；新羅將中國的琵琶改變成與中國原制完全不同的琵琶；駕洛將中國的箏改造成駕洛琴。

自箕子開拓朝鮮以來，朝鮮半島諸國歷一千五百餘年，僅片面的吸收中國文化，直至中國南北朝時代，半島國家不僅擷取中國文化，且將其本國文化輸往中國，相互交流，互爲影響，這顯然是韓人文化的進步。

(八)　日本勤求中國技藝人才

日本雄略天皇醉心漢化，遣使南朝在江南吳地勤求中國技藝人才。

(九)　百濟傳播中國文化於日本

百濟與日本邦交關係素睦，對中國文化傳播日本尤具熱忱。當中國南北朝時代，百濟獻贈五經，傳授日人醫學、易經、曆算，並將中國卜書、曆書以及草本藥物攜往日本。獻舍利及迦籃、爐、盤、瓦、畫等技藝人才。

由於百濟一再傳播中國文物及技藝人才輸日，遂使日本文化內容益趨豐富，而日人生活亦獲改善。

(十)　佛教經百濟傳入日本

佛教於東晉孝武帝太元九年(西元三八四年)自中國傳入百濟以來，百濟朝野禮佛甚盛。當南北朝時代，有南梁人司馬達於梁武帝普通三年(日本繼體天皇十六年、西元五二二年)前往日本，結草堂於大和阪田原，安奉神佛，勸導日人皈依禮佛，惟日人以「異域之神」，多不之信。之後，百濟聖明王以佛像、佛經，於梁武帝大同四年（日本欽明天皇戊午年、西元五三八年）獻贈日本，此為百濟傳播佛教至日之始。

梁元帝承聖元年（日本欽明天皇十三年、西元五五二年），百濟聖明王遣西部氏達偕率怒唎斯、致契等赴日獻釋迦佛金銅像一座、幡蓋若干、經論若干卷，並闡揚佛法；此為百濟在日本公開傳播佛教之始。又因佛像、佛工的源源輸日，而奠定日本美術的基礎，造成日後日本美術史上具有輝煌地位的推古時代。

肆　國勢鼎盛國富冠亙古的隋帝國

一　隋篡北周滅南陳結束南北分裂之局

（一）南北朝的對峙

宋武帝劉裕篡晉自立，稱羣南方；而北方仍是列國並立的局面，胡族所建國家，尚有北魏、夏、北涼、北燕等國，直至宋文帝元嘉十六年（西元四三九年）北方諸國始爲北魏太武帝統一，「五胡十六國」時代至此告終，國史進入民族競爭南北對峙的政治形勢；南朝有宋、齊、梁、陳的嬗遞，建國於中國南方，都建康。北朝有北魏、北齊、北周的更替，建國於中國北方，北魏初都平城（山西大同東），後都洛陽；北齊都鄴（河南臨漳）；北周都長安。其間歷時一百六十九年，史稱「南北朝時代」。

（二）隋篡北周滅南陳統一中國

北周靜帝宇文闡性情乖異，自比上帝，稱「天元皇帝」，名所居曰「天臺」，立五后號爲「天后」，羣臣朝者須齋戒三日，淸身一日。卽位未二年，致疾口不能言。陳宣帝太建十三年（西元五八一年），大丞相隨公楊堅（漢人）乘機殺宇文宗室諸王，相州都督尉遲迴等討之敗死，楊堅篡位，廢靜帝爲「介公」，北周亡。堅以隨從「辵」不寧，改國號爲隋，是爲隋文帝，改元開皇。翌年，遷都大興（西安）。

陳宣帝於太建十四年崩，後主叔寶卽位，酒色荒淫，稱尚書令江總與都官尚書孔範爲「狎客」，侍宴後宮，與女學士飲酒賦詩，自夕達旦，國政廢弛。後主又重文輕武，武備不振，兵多萎弱。陳禎明元年（西元五八七年），隋文帝滅後梁，統一北方。陳禎明二年，隋師伐陳。翌年，隋軍兵臨建康，陳後主猶優遊詩文行樂，隋將韓擒虎入朱雀門，後主與張、孔二貴妃共匿胭脂井中，軍士引出，俘歸大興，廢爲庶人。陳自武帝開國，歷五世，三十二年亡。後人作詩諷之曰：「商女不知亡國恨，隔江猶唱後庭花。」卽指此而言。

隋文帝滅陳，結束南北朝一百六十九年對峙局面，由西晉永嘉之亂而五胡亂華以來民族競爭至是閉幕，中國於南北分裂二百七十八年後復歸漢統。

二　隋創國史的輝煌盛世

（一）「古今稱國計之富莫如隋」

隋承五胡十六國與南北朝長期紛擾之後統一中國，生民塗炭，國庫空虛。隋文帝幹練謀國，勵精圖治，輕徭減賦，與民更始，不數年間國內大定，倉廩盈實爲歷代所少見，創國史上的輝煌盛世。隋文帝初年民戶不滿四百萬，平陳之後爲四百六十萬；隋煬帝大業五年（西元六〇九年），民戶達八百九十餘萬，四千六百餘萬口。隋文帝開皇九年（西元五八九年），全國田地共一千九百四十餘萬頃，隋大業五年，增至五千五百八十五萬餘頃。故「文獻通考」譽之「古今稱國計之富莫如隋」。國勢鼎盛，國威遠被。

隋代疆域，東至東海，西至且末（新疆南部車爾城），南至珠崖（海南島）、九眞（越南淸眞、又安），北至張家口、五原（綏遠）。東西九千三百里，南北一萬四千八百一十五里。

（二）隋文帝對外經略

突厥原屬柔然，定居阿爾泰山一帶。南北朝後期，突厥酋長自稱可汗，攻滅柔然，成爲北方強國；其疆域東起遼東，西迄裏海，北至貝加爾湖，南至沙漠，與北齊、北周接境。

隋文帝時，突厥分裂爲東西二部，東突厥據大漠南北，西突厥據中亞一帶。隋以宗室女義成公主妻東突厥啓民可汗，並助其擊敗西突厥，於是東突厥服屬於隋。迨隋煬帝大破吐谷渾，西域復通。

由於隋文帝挾其雄厚國富與龐大軍力，積極對外經略，四方各國遣使來朝，接踵而至，東方有高句麗、百濟、新羅、靺鞨、琉球（臺灣）及日本等六國；北方有突厥、鐵勒、奚、契丹等四國；西方有吐谷渾、黨項、高昌、焉耆、龜茲、疏勒、于闐、鏺漢、曹國、何國、安國、穆國、漕國、吐火羅、悒怛、石國、米國、史國、波斯、女國、附國等二十一國；南方有林邑（越南中圻）、眞臘（高棉）、赤土（蘇門答臘東部）、婆利（婆羅洲）等四國，足見隋代國威之盛大。

伍　高句麗先臣後寇隋文帝遣師征伐

一　隋初高句麗遣使入朝

隋文帝統一中國之初，高句麗平原王循前代例朝隋，繼而嬰陽王（名元）卽位，亦遣使朝隋，隋文帝授嬰陽王「遼東郡公、拜上開府儀同三司」職。（新羅亦繼於開皇十四年朝隋）

隋自統一大業完成，整軍經武，修明政治，國勢日強，一改兩漢以降中國因戰亂相尋，國力不振而表現消極的被動外交，進而採取積極的主動外交，拓展對外經略，例如離間突厥使之分離東西，以利收服，討平南寧兩蠻，威震西南，均屬隋對外經略成功的實例。

二　高句麗戒懼隋積極擴張領土釁兵來犯

高句麗嬰陽王卽位以來雖臣事隋室，但對隋的積極擴張領土，則深懷戒懼，「治兵積穀，規劃防守」。當隋文帝開皇十八年（高句麗嬰陽王九年、西元五九八年）嬰陽王自量戰備完成，欲先發制人，乃聯合靺鞨人（按其族分佈於朝鮮半島北部，其先爲東胡夷舊五族中之滿族，先後建有北魏、北周、以及柔然、吐谷渾等國）出動聯軍一萬餘衆，突襲隋邊遼西營州（今熱河朝陽），營州總管韋沖率師堵擊。

三　隋文帝遣師伐高句麗與嬰陽王遣使入隋認罪

隋文帝據報高句麗無端釁兵，怒削其爵號，並命漢王楊諒（文帝第五子）、王世績任元帥，率水、陸二軍三十萬征討高句麗。惟楊諒率領的陸軍出臨渝關（山海關之西），經柳城（今朝陽）進抵遼水之際，適逢水潦，軍糧運輸不繼，而軍中疫癘大起，饑病交困，楊諒因無法前進，乃班師而還。而周羅睺率領的水軍，自東萊（今山東登萊）渡海攻平壤，遭遇颱風而沒。但高句麗對隋傾大軍來征，舉國震悸，嬰陽王爲抒文帝怒，遣使入隋認罪，以求息兵。

四　百濟遣使入隋請討高句麗並願充隋軍嚮導

百濟因與高句麗累世國仇，深以隋征高句麗爲慶，及聞隋軍罷征，乃派使臣入隋請討高句麗，並願充隋軍嚮導，隋文帝以高句麗已認罪作罷。終隋文帝之世，高句麗雖與中國維持邦交，但朝貢不如前代矣。

陸　隋煬帝三征高句麗

一　楊廣弒父篡位

崇儉自律的隋文帝與奇妒成性的獨孤后，以太子楊勇喜鋪張，納內寵，深致不滿。次子晉王楊廣才貌兩佳，且有平南陳之功。廣知母后惡太子，遂萌奪嫡，爲博取父母歡心，乃佯示孝順，僞裝勤儉，不讓姬妾生育，以示無改父母之志（按文帝夫婦情篤，生太子勇、晉王廣、秦王俊、蜀王秀、漢王諒均無庶出，文帝引以自豪，可免嫡庶之爭），同時聯絡大臣，策劃奪嫡。隋文帝性猜忌，善權術，楊廣乃賂重臣楊素，讚之於帝，而獨孤后亦在帝前毀勇譽廣，文帝遂疑太子。隋開皇二十年（西元六〇〇年），隋文帝廢太子勇爲庶人，禁於東宮，交廣監守，繼立廣爲太子。蜀王楊秀不恥廣之所爲，廣又設計陷害，隋文帝廢秀爲庶人並予囚禁。

隋仁壽四年（西元六〇四年），文帝病篤，預立遺詔：「不謂遘疾彌留，至於大漸，此乃人生常分，何足言及。但四海百姓衣食不豐，教化政刑猶未盡善，興言念此，唯以留恨」。可見隋文帝臨終尚以國事爲念。隋文帝知書不多，惟稱帝以來，廣聘碩學之士搜求古籍，盡心國事，整飭吏治，天下稱治，而國庫所存，據謂可維持國家六十年之支出，如文帝者可謂國史上之賢君。

當隋文帝彌留之頃，楊廣入侍，乘隙逼烝陳夫人，文帝方悟誤信獨孤后之言而鑄成大錯，頻呼「獨孤誤我」！急命召勇，廣以事敗，即弒父篡位，是爲隋煬帝。繼矯文帝詔賜勇死。未幾，秦王楊俊憂憤而死，漢王楊諒恐禍及己身，舉十九州反叛，結果兵敗被逮，終生監禁，其部屬被誅者達二十餘萬人。

二　隋煬帝巡遊與築

隋煬帝弒父奪位，承繼一統山河與富甲歷代的財富，躊躇滿志。嚮慕秦始皇與漢武帝豐功偉業，憧憬帝王富貴，於是大興宮苑，盡情縱樂。隋大業元年（西元六〇五年），煬帝納方士獻策，遷東都洛陽，徵民夫十餘萬沿洛陽挖築戰壕，長達二千里，拱衛京畿；大修洛陽城，月徵民工二百萬人。建顯仁宮於洛水之上（河南宜陽），徵集大江以南及南嶺以北奇木異石、花鳥禽獸，以增苑圃風光。又築西苑，佔地二百里，苑中築海，廣達十餘里，內砌方丈、蓬萊、瀛州三山，高出水面百餘尺，山上廣置臺觀、宮殿。另築龍鱗渠，自北流入海中，沿渠建十六院，院門面渠，院中堂殿、樓觀陳設豪華，各由四品夫人一人掌理院務，各院妃嬪競以精美餚饌冀邀煬帝寵幸。每當月明風清，煬帝與數千宮女輒作良夜之遊，或騎馬或乘舟，並親作「清夜遊曲」，教宮嬪吹唱。當秋冬季節宮樹凋謝，則以采綢編結花葉，萬紫千紅，縛於枝上，美景四時常在，眞所謂「天上神仙府，人間帝王家」。

隋大業二年（西元六〇六年）八月，煬帝自顯仁宮乘「小朱航」沿漕渠駛洛口，換乘「龍舟」沿黃河南下巡遊。「龍舟」高四十五尺，長二百尺，分四層，頂層正殿、內殿、東西朝堂，二、三層有房一百二十間，飾以金玉；底層爲內侍所居。皇后座船「翔螭舟」較龍舟略小，豪華相同。另有「浮景」九艘，分三層，充爲水殿。此外，形式不一船隻約數千艘，備妃嬪、諸王、公主、百官、僧尼、道士、番客（外賓）乘用及備載供應物品（船夫約有八萬）。另有護衛船數千艘由兵士自行拖引。行列長達二百公里，兩岸騎兵拱衛前進。「龍舟」所經五百里周圍，地方官府均須「獻食」。煬帝后及百官禮服豪華，而儀仗之華貴尤為驚人（煬帝命州縣奉獻鳥獸羽毛製羽儀，一時全國鳥獸適合製造羽儀的捕捉殆盡），長達二十餘里。荒縱奢侈為古今少見。

此外，煬帝的開通運河，實有其國際與民生的價值，其與秦始皇修築長城，同為國史上二項大工程。史家有以無長城的屛障，中國不堪匈奴蹂躪，無法產生漢唐的燦爛文化，而運河的開通，對大江南北軍運民食，稱便至大。隋文帝時以渭水流淺沙深，曾開大興（西安附近）至潼關的運河，名曰廣通渠，以利運輸物資。煬帝卽位命溝通南北水道，開通濟渠起於洛陽，引轂、洛二水通於黃河，再經板渚（今河南汜水東北）引河水東南流入汴水，經大梁入泗水，以抵淮河，由江都入長江。隋大業三年（西元六〇七年），開永濟渠起於板渚北岸，引沁水、衛河，北通涿郡（今河北涿縣），南達黃河（大業六年煬帝征高句麗，永濟渠對軍運幫助甚大。）隋大業六年（西元六一〇年），開江南河自江都南岸京口，經江南以至杭州。於是北自洛陽、涿郡，南至餘姚、杭州，河運貫通。

隋煬帝為北巡河北、山西，並出塞耀兵以懾突厥，乃於隋大業三年六月開築馳道：一自河北至並州（山西太原），將河北、山西間的太行山脈鑿穿開築馳道，直達並州；二自陝西榆林境開一御道，東至河北薊縣，路長三千里，寬百步。完工後，隋煬帝北巡，東突厥啓民可汗及義成公主至行宮朝覲。

三　隋煬帝經略四方

隋煬帝有拓展疆土，經略四方的雄心；大業元年以劉方爲將，破林邑（東漢末，交州日南郡象林縣自立爲林邑國，今越南中圻），並以朱寬、何蠻征琉球（今臺灣），入海訪異俗，隋人對臺灣始有初步認識。

隋大業三年八月，煬帝巡幸金河突厥，啓民可汗幕（按突厥爲古狄胡舊五族中之回族，隋初據有漠南漠北之地，隋築長城卽爲防禦突厥，文帝時突厥分裂，隋採遠交近攻，離強合弱政策，使互相猜貳，突厥正式分成東西二部。隋開皇十九年東突厥利可汗降隋，隋文帝封爲啓明可汗，妻以義成公主），適高句麗使節亦在金河，隋煬帝一併召見，黃門侍郎裴矩卽以高句麗尙未來朝以告，隋煬帝乃面囑高句麗使者轉告嬰陽王來朝。

四　高句麗桀敖不朝隋煬帝一征高句麗水陸喪師

隋大業四年（西元六〇八年），「百濟、倭、赤土（蘇門答臘東部），迦羅、含國並遣使貢方物。」（隋書煬帝紀）但高句麗迄未來貢。隋雖一再督促，高句麗態度桀敖不理。此時，隋因對靑海的吐谷渾用兵，故對高句麗未採取行動。

隋於大破吐谷渾，俘獲降者十餘萬之後，中國在西域聲威，因而重振，煬帝遂於隋大業六年，積極動員征高句麗的準備；其苛征擾民，據徐亮之的「中韓關係史話」說：「他（指煬帝）課富人買軍馬，馬價漲到一匹十萬錢，十之八九因而破產；富有階層討厭他了。他派使者檢閱器仗，務令精新，或有濫惡，使者立時斬首。派幽州總管元弘嗣在東萊海口造船，官吏監督，工人晝夜立水中不敢息，自腰以下皆生蛆，死者十三四。工人階層討厭他了。他發民夫、民牛、民車運糧，屯積前方，車牛一去不返，民夫死亡過半；耕種失時，田地荒廢，米漲到一石數百錢。又發鹿車（小車）夫六十餘萬，二人共推米一石，路遠不給費用，車到米已吃光；交米不出有罪，只好棄車逃命。農民階層討厭他了。他向人民徵發物資，經手官吏先照錢價收買，隨後宣布詔令，高價賣給人民，把人民拖得或自賣爲奴婢，或上山做強盜。他徵發天下兵，無論遠近，都到涿郡（今河北涿縣）集中；又徵發江淮以南水軍一萬人，弩手三萬人，嶺南排鑹（小矛）手三萬人；又徵發江淮以南民夫及船舶運黎陽（今河南濬縣）及洛口諸米至涿郡；舳艫千里，往還常數十萬人，晝夜不絕，死亡相枕。於是各階層各地區的人民都討厭他了。他以這樣硬性方法動員，直到大業八年正月，大軍纔算集中完畢。大軍集中了，人民的怨毒也向他集中了。」

隋煬帝爲征伐高句麗，動員天下物資，海內騷然，師未出而民心失，故史家認隋之亡，導因於征高句麗，蓋隋爲動員物資，廣課馬匹，簡閱器仗，大造戎車船隻，徵歛全國兵糧，以致海內倣擾，耕稼失時，穀價踊貴。東萊海口造船，工人晝夜立於水中，不敢休息，自腰以下皆生蛆腐爛，死者十之三四。重以官吏貪殘侵漁，官逼民反，人民鋌而走險，相聚爲盜，促成天下大亂。

隋大業七年（高句麗嬰陽王二十二年、西元六一一年），煬帝親總二十四軍號二百萬人（另民夫雜役約二百萬人未計入內）於涿郡部署。

隋大業八年（西元六一二年）三月，隋軍分左右二路軍各十二軍進渡遼水（按隋代中國至朝鮮半島路線有二：一自懷遠東渡遼水、鴨綠江至高句麗；一自東萊入海東北行而至百濟），圍攻遼東城（今遼寧遼陽，此時遼水以東地屬高句麗），部將沈光發明雲梯攀城奮戰，並用八輪樓車掩護軍士射箭，煬帝雖親自督戰仍不能克，蓋隋軍圍攻遼東之際，煬帝訓令所屬將士謂：「軍事進止，皆須奏聞待報」，因此每當遼東城將破，高句麗「喊話求和」，隋將不敢自專，唯命令停止攻擊，再請示煬帝，而高句麗即利用停戰時間，積極增援，待隋軍請示下達，高句麗軍已整補完畢，繼續抵抗。高句麗使用邊打邊談策略與隋作戰，而煬帝剛愎自用，一意孤行，致失制勝之機，這是戰略影響戰術的最好說明，因大軍作戰情況瞬息萬變，凡事待報既失主動又失機宜，以如此強大的隋軍久攻遼東不下，實乃煬帝戰略錯誤所致。

同時隋將宇文述、于仲文等九人，分率九軍計三十萬五千人渡越遼水，相約在鴨綠江西岸會師攻打平壤。宇文述令人馬給百日糧，遺棄者斬，兵士因不堪負重，在帳幕內掘坑私埋，而人馬至中途，糧食不繼，軍心動搖。高句麗探知實情，故誘隋軍渡薩水（今晴川江），及隋軍迫近平壤三十里之遙，嬰陽王命大臣乙支文德至隋營詐降，請隋撤師，嬰陽王願往行在面謁煬帝請罪，宇文述以平壤據險難攻，而軍糧將盡，遂允收兵，當退渡薩水之際，乙支文德乘隋軍不備，率軍自後追擊，隋軍倉皇應戰，全軍幾遭覆沒，右屯衛將軍辛世雄被擊斃，及抵遼東僅剩散勇二千七百人。

而隋將來護兒所率江淮水軍渡浿水經海路攻平壤，未待陽軍支援，於進抵距平壤六十里之處，輕敵遇伏，大敗而歸。

百濟武王以隋出師不利，雖佯爲助隋，實則潛通高句麗，陳兵境內，首鼠兩端。

五　隋煬帝二征高句麗勞而無功

隋煬帝初征高句麗喪師失利，他爲維護大國尊嚴及自尊心，爰於隋大業九年（高句麗嬰陽王二十四年、西元六一三年）一月，徵調全國各地勁旅齊集涿郡，準備二征高句麗。

同年四月，隋煬帝督軍渡遼水，攻遼東城，百方盡力不能拔。而隋將宇文述、楊義臣等圍攻平壤；王仁恭經由扶餘圍攻新城，均遭高句麗軍激烈抵抗亦不能下。禮部尚書楚國公楊玄感乘煬帝遠離國門之際，舉兵黎陽（今河南濬縣），一呼而從者十萬人，煬帝於六月聞悉，無心戀戰，即時收軍，軍士委棄貲械急急而還。隋將來護兒亦自東萊將水軍撤回。煬帝二征高句麗，勞師動衆，無功而還。

隋煬帝回師迅平楊玄感亂，他爲懲治叛黨，特派大理卿鄭善果往東都（洛陽）淸查楊玄感黨羽，他對善果說：「玄感黨呼而從者十萬，益知天下不欲人多，多則相聚爲盜耳，不盡加誅，無以示後。」故善果在東都大開殺戒，死者三萬餘人，甚至玄感開倉放賑受惠之小民，亦因通敵而遭活埋。楊玄感亂雖平，而全國已成鼎沸，羣雄割據爭相推翻暴政。

六　隋煬帝三征高句麗嬰陽王請降

隋煬帝因楊玄感叛，撤征高句麗軍，待楊玄感亂平，復於隋大業十年（高句麗嬰陽王二十五年、西元六一四年）三征高句麗。惟隋自用兵吐谷渾而經營西域，繼之兩征高句麗，國家元氣斲傷，國庫消耗殆盡，國內抗暴運動紛起（割據稱雄達一百三十餘處），民心見背。

此時，反抗煬帝暴政正由竇建德、王薄、孟讓、徐圓朗等人領導，在河北、河南、山東等地如火如荼展開，這些地方正是東征大軍必經之地或其附近之區。王薄撰成「無向遼東浪死歌」，以煽惑軍心，致有大批不願調往遼東作戰的壯丁紛往投靠王薄。其他反暴政勢力，亦以「無向遼東浪死」為號召，激發羣衆抗暴心理。

高句麗因隋三次來征，連年應戰疲困不堪，當隋來護兒之水軍擊破卑沙城（今海城），直趨平壤之際，嬰陽王無力抵禦遣使乞降，煬帝以高句麗請降心願已了，而國內動亂日亟，遂班師回都。同年十月，煬帝遣使至平壤囑嬰陽王來朝，仍為所拒。此時，海內騷亂，煬帝自顧不暇，無意外略矣。

七　隋代高句麗百濟新羅音樂傳入中國

隋自文帝建國以來四征高句麗，中國與高句麗外交關係極為惡化，在此時間百濟與新羅雖與中國保持外交關係，遣使來朝，但恐觸怒高句麗，亦多所畏忌，故隋代中韓關係甚少稱道，甚至貿易或文化亦少交流。僅知高句麗、百濟、新羅的音樂，列入隋文帝的「七部樂」內，據「隋書音樂志」稱：「高祖受命惟新，八州同貫，制氏全出於胡人，迎神猶帶於邊曲。開皇初，置七部樂，曰國伎、清商伎、高麗伎、天竺伎、安國伎、龜茲伎、文康伎、又雜有疏勒、扶南、康國、百濟、突厥、新羅、倭國等伎。」以及高句麗音樂列入隋煬帝的「九部樂」，按據「隋書音樂志」稱：「隋開皇初，定置國伎、清商伎、高麗伎、天竺伎、安國伎、龜茲伎、文康伎七部樂。及大業中，煬帝乃定清樂、西涼、龜茲、天竺、康國、疏勒、安國、高麗、禮畢，以爲九部樂。」

柒　日本遣隋使運動

一　隋文帝時日本展開遣隋使運動的動機

日本遣使隋朝，是在隋文帝平服高句麗之後二年，卽隋開皇二十年（日本推古天皇八年、西元六〇〇年）始。自魏晉南北朝以來，日人朝貢中國，瞻仰中國文物敎化，向化之心，早經萌芽。復因漢字、漢學輸入，日本朝野對中國經典已略有所窺，欽慕之心，油然而生，均持一致願望——建立一華化國家。及推古女帝卽位，更加對中國文化心嚮往之，因有「遣隋使運動」產生，將中國文化作大量而有計劃的輸入，藉此作爲革新日本政治的張本。日史家木宮泰彥，對此有客觀而平實的指證，他說：「日本上古於物心兩方面，使國民生活之內容日以豐富者，皆賴中國之文化，已無待言矣。此文化乃韓人與樂浪、帶方之漢人所齎，三三五五，順其自然，由半島而徐徐流入，其勢極緩。但當時日本之先覺者，已稍讀中國典籍，理解中國文化，景仰之念甚厚，決不能久待此自然之推移也。必也突進於文化之母國，直接移植優秀之文化，方可以饜其慾望，而具體實行此意志者，卽派遣遣隋使也。」（中日交通史）

日本自遣隋使運動產生後，從漫無目標的吸收中國文化行動，變爲有計劃的積極行動。其主要角色固是日本政府的使節，而主幹則是日本青年留學生、僧侶，以及醫、陶、天文等類技術人才，其中不僅是日本人，亦有居留日本的中國人（卽日史所謂「漢人」或「新漢人」），這些華裔日人因世代家傳，淵源有自，對中國文化已稍具基礎，彼輩留學中國在學習上自易事半功倍。「遣隋使運動」時代，日人來華路線，大抵採經北線，即由日本渡海至朝鮮半島的百濟渡海至浿江口，沿遼東半島東岸，過渤海而抵山東半島北角登陸，再分途轉往中國各地展開學習工作。日本由於「遣隋使運動」與「遣唐使運動」（按日本的遣隋使與遣唐使運動是一貫連續的）的收穫，而獲致大規模的政治革新——華化運動，結果使日本由落後的部落組織，蛻變爲進步的政敎規模的華式國家。

二　隋煬帝時日本第一次入隋使

日本聖德太子攝政時（用明天皇之皇子、推古女帝之侄，代推古以皇太子身分攝政），企圖以中國政敎制度爲藍本，來改革日本內政與弘揚佛法，於是在推古十五年(隋大業三年、西元六〇七年)，遣大禮小野妹子、通事鞍作福利使隋。惟據「隋書東夷傳」云，隋煬帝對日本國書措詞深爲不滿：「大業三年，其王多利思比孤（指推古女帝），遣使朝貢。使者曰：『聞海西菩薩天子，重興佛法，故遣使朝拜，兼沙門數十人來學佛法。』其國書曰：『日出處天子致書日沒處天子無恙』云云。帝覽不悅，謂鴻臚卿曰：『蠻夷書有無禮者，勿復以聞。』」由隋書所示，可知小野妹子使隋以求佛法爲主。蓋中國自南朝陳宣帝太建六年（西元五七四年），北周武帝聽信道敎之言，而有廢佛之舉：毀滅經像，詔勸僧尼還俗。因之佛敎遭遇嚴重打擊。隋文帝即位後，崇奉佛法，普詔天下，任聽出家，仍令計口出錢，營造經像，佛經流布，多於儒經數十百倍，「經籍志」云：「高祖雅信佛法，於道士蔑如也……天下之人從風而靡，競相景慕，民間佛經，多於六經數十百倍。」煬帝繼位後，向天臺宗智者大師受菩薩戒，又設翻經學士，宣揚佛法，據「韋述記」說：「大業初，西京有寺一百二十，謂之道場。」於是佛經繼盛。故日本國書有謂：「聞海西菩薩天子，重興佛法，故遣使朝拜。」這是隋煬帝時期，日本入隋使的第一次，目的在求佛，惟小野妹子偕來的沙門數十人，不無對中國語言文化略能瞭解的「秦人」與「漢人」，自然除求佛之外，對中國文化的研求似無疑問。

中日國交自漢魏以來，允稱敦睦，上國恩威，澤被三島。煬帝雖因日本國書詞意不馴而不悅，然爲滿足其自尊心，雅不願以此小節中斷日本入貢。故於翌年，以文琳郎裴世清等十三人，偕同小野妹子赴日報聘。「隋書倭國傳」(隋書、北史均俀倭互見，或筆誤)對裴世清一行使日，有詳細紀錄：「明年（大業四年）上遣文琳郎裴世清使於倭國。倭王遣小德阿輩臺從數百人，設儀仗鳴鼓角來迎。後十日，又遣大禮哥多毗從二百餘騎郊勞。既至彼都，其王與淸相見，大悅曰：『我聞海西有大隋禮義之國，故遣使朝貢。我夷人僻在海隅，不聞禮義，是以稽留境內，不卽相見。今故淸道飾舘，以待大使，冀聞大國維新之化。』淸答曰：『皇帝德並二儀，澤流四海，以王慕化，故遣行人來此宣諭。』既而引淸就舘。其後淸遣人謂其王曰：『朝命既達，請卽戒塗。』於是設宴享以遣淸，復令使者隨淸來貢方物。」惟隋煬帝致日皇詔書，僅見於日本書紀，隋史未載，想係隋帝詔書之至於倭者，其間文字，恐有改易之處（王婆楞著歷代征倭文獻考）。

復據木宮泰彥的「中日交通史」說：「『書紀』謂妹子回國時奏云：煬帝所贈回書，途中在百濟被掠，故不得上。天皇下羣臣議其罪，議決處流刑，天皇恐隋使聞之不美，特勅赦之。本居宣長：『馭戎慨言』論此事；隋帝之書，甚爲倨傲，故妹子僞稱百濟掠取，秘不上聞也。隋使到難波，爲六月十五日，入京在八月三日，其間止於難波者，凡五十日，蓋此時卽議妹子之罪，而議論未決，抑或聞煬帝見日本國書不悅，而欲中止隋使入京歟？然『隋書東夷傳』云：『我夷人僻在海隅，不聞禮義，是以稽留境內，不卽相見。』日本內幕，許多複雜情形，秘而不宣，此不過表面上外交辭令耳。」

竊意當大業四年，小野妹子呈遞日本國書，煬帝見而不悅，此次遣使回聘，詔書難免有所訓斥而辱及日本體面之詞，故「日本書紀」僞稱小野妹子被掠。查隋文帝時，日本使者來貢，文帝以其風俗見問，認大無義理，而訓令改之，未見日本有所煩言，由此可知煬帝詔書，或過於難堪。至稽留隋使達五十日之久者，原因在計議對隋遣使之存廢問題耳，終因聖德太子欽慕華化與懾於隋廷威勢，故稽延五十日始決。日史以「稽留境內，不卽相見」謂係「議妹子之罪」，當係虛構事實也。至煬帝致日本國書，據「日本書紀」所載：「皇帝問倭皇，使人長吏大禮蘇因高（小野妹子之譯音）等至具懷，朕欽承寶命，臨御區宇。思弘德化，覃被含靈。愛育之情，無隔遐邇，知皇介居海表，撫寧民庶，境內安樂，風俗融和，深氣至誠。遠修朝貢，丹款之美，朕有嘉焉，稍暄，比如常也。故遣鴻臚寺掌客裴世清等，指宣往意，並送物如別。」或係改易之著也。聖德之時，對國體禮義已有所悟，雅不願其國家地位見黜，冀中國以平等之禮相待，惟在隋代之前，日本固未嘗有此意念也。

三　隋煬帝時日本第二次入隋使

日本既決定繼續遣使入隋，故於隋大業四年（日本推古天皇十六年、西元六〇八年）九月十一日，復以小野妹子爲大使，吉士雄成爲小使，鞍作福利爲通使，隨同隋使裴世清赴隋，並使學生四人，學問僧四人從之（日本書紀）。故「隋書倭國傳」說：「復令使者隨清來貢方物」，這是入隋使的第二次。小野妹子所呈日本國書，據「日本書紀」所載：

「東天皇敬白西皇帝：使人鴻臚寺掌客裴世清等至，久憶方解，季秋薄冷，尊候如何？想清念此即如常。今遣大禮蘇因高，大禮乎那利等往，謹白不具。」

此書與推古十五年國書較之，已雅馴多焉，惟「隋史」未載。據「馭戎慨言」曰：「第二次國書，改日出處天子爲東天皇，日沒處天子爲西皇帝，蓋聞彼王（按隋煬帝）見前書不悅，故稍加敬意。然仍不稱彼爲皇帝，惟對於東而稱西，我國則倭王二字皆改，仍稱天皇，惡其書稱倭王爲無禮，故不從之。」讀此可知日本對隋所持之態度。前者隋使稽留日都，遲遲不返，益證日廷惡隋帝詔書之無禮，而躊躇商討使隋的存廢大計，在此又得一明證。

第二次日本遣使目的，以輸入中國文化爲主，隨同小野妹子來隋的留學生有倭漢直福因、奈羅譯語惠明、高向漢人玄理、新漢人大國。學問僧爲新漢人旻、南淵漢人請安、志賀漢人惠隱、新漢人廣濟等八人（日本書紀）。留學生皆係歸化日本的漢人，因彼等對中國語言文字已有相當研究，來華學習自較便利。

四　隋煬帝時日本第三次入隋使

隋大業十年（日本推古天皇二十二年、西元六一四年），日本復遣犬上御田鍬、矢田部造等使隋。他們在中國研究的心得及對日本的影響，可從日人的批評得知：「……彼等留學期間甚長，竟有至二三十年之久者，必非專修佛學與儒學也。卽令對於他事不甚留意，然於種種方面，與中國文化接觸，見聞亦必多。其人數雖少，其及於日本影響則頗大。彼等說出中國之情況，必引起當時知識階級之好奇心，因之受猛烈之刺激，而有不可禁止之勢。又彼等之留學期間，自隋末直至唐初，唐代宮廷之儀禮，與政府之組織，及諸般法制，次第整理，皆必注意及之。……彼等目睹唐代禮文政治之美，對於自國紊亂之族制政治，當覺不滿。當時知識階級，聞彼等之傳述，均有急思模仿之心。其意以爲內容卽不能遽善，形式上，如改良宮廷之衣冠，整理政府之編制，必先爲之。」（木宮泰彥著中日交通史）。可知留學生對日本朝野的刺激，以及新政之推行，有極大的促動。加之「聖德太子聽政時，因求佛法，屢次遣使，又其時韓國人來，亦常稱贊中國。又見書籍所載，種種盛事，故萬事欲模仿之，而勃不可遏也。」（馭戎慨言）

五　日本聖德太子推行新政

日本由於四次遣使入隋，深受中國文化的刺激與影響，於是聖德太子遂決定兩件政策性的國家大事，一曰：制定冠位，定爵位爲十二級（大德、少德、大仁、少仁、大禮、少禮、大信、少信、大義、少義、大智、少智）論功勳行賞，矯正無功受祿的世襲弊制，開啓國家用人惟才，於是日本氏族勢力爲之一挫。二曰：頒佈憲法，強調君臣之分，樹立皇室威信，藉以收回政權，以期集權中央。節略黑板博士著「國史大系」所載：㈠以和爲貴，无忤爲宗；㈡篤敬三寶（佛法僧）；㈢承詔必謹，君言臣承，上行下靡；㈣羣卿百僚，以禮爲本；㈤絕饕棄欲，明辨訴訟；㈥懲惡勸善，古之良典；㈦人各有任，掌宜不濫；㈧羣卿百僚，早朝宴退；㈨信是義本，每事有信；㈩絕忿棄瞋，不怒人違；⑪明察功過，賞罰必當；⑫國司國造，勿斂百姓；⑬諸任官者，同知職掌；⑭羣臣百僚，無有嫉妬；⑮背私向公，是臣之道；⑯使民以時，古之良典；⑰大事不可獨斷，必與衆宜論。十七條憲法，內容以儒教爲基本，且參照佛家法家的思想，字句都爲古文成語，根據中國的詩經、書經、孝經、中庸、禮記、左傳、尙書、論語、孟子、莊子、墨子、韓非子、管子、說苑、韓詩外傳、千字文、史記、漢書等而來，可見當時漢化程度之深。新憲法顯示中國式的王道主義、德治主義，他的目標是：㈠融合儒釋神三教並促其普及；㈡建立天皇中心的體制；㈢改革氏族制度，集中力量以爲天皇制之支柱。這是日本大化革新的前驅，也是聖德太子的理想，他攝政三十年間雖未完成，但對於以後日本的政治影響甚大。其他聖德太子復制定曆法、修撰國史。

綜計日本推古朝遣使入隋先後四次，雖因隋室國祚甚暫，但日人攝取優秀的中國文化，則收效頗宏。

捌　隋的亂亡

一　隋三征高句麗大徵軍糈民役天下騷然紛起討隋

隋煬帝三征高句麗，軍糈民役徵發不已，天下騷然。江淮率先逞亂，海賊李子通據海寧稱將軍，於隋大業十一年（西元六一五年）洗刼江淮富庶之地；而大盜朱粲聚衆十餘萬盤據荆襄，稱迦羅王，聲勢甚大。惟煬帝不爲所動，仍大治龍舟，於隋大業十二年（西元六一六年）遊幸江都（揚州），供應紛繁，庫藏糜費幾罄。

此時，南北羣雄趁機接踵而起稱王、稱帝者，多至一百三十餘起，其中勢力最大者，如徐圓朗（大盜）起兵於任城（山東濟寧）；劉黑闥（大盜）、竇建德（大盜）據樂壽（河北獻縣）下河間，建德稱長樂王；李密（北周元勳李弼曾孫）與翟讓（大盜）南渡黃河，攻陷滎陽，李密據黎陽稱魏公；郭子和（隋左翊衛）起兵於榆林（陝西榆林），稱永樂王；薛舉（金城校衛）據金城（甘肅蘭臯東），稱秦帝；李軌（武威司馬）起兵於河西，據武威（甘肅武威），稱涼王；劉武周（鷹揚府校尉）據馬邑（山西馬邑），立定揚可汗；蕭銑（南梁宣帝曾孫，羅川縣令）起兵巴陵（湖南岳陽），稱梁王；林士宏（大盜）據鄱陽（江西鄱陽），陷豫章（江西南昌），稱帝；杜伏威（大盜）據歷陽（安徽和縣），稱總管；梁世都（郎將）據朔方（陝西橫山）取雕陰，稱梁帝。煬帝見天下已亂，無意北歸，欲移都丹陽（南京），命東都（洛陽）留守王世充（西域人）掃蕩北方叛亂。而煬帝衛隊「驍果」多爲關中人，切思還鄉，逃亡甚衆。

二　李淵自立建唐

先是，煬帝遊幸江都，唐國公李淵留守晉陽（山西太原），次子世民素具雄心，見國家大亂，乃與晉陽令劉文靜結納，並厚結李淵老友宮監裴寂以圖大舉。隋大業十三年（西元六一七年），突厥來侵；李淵遣軍拒之失利，深恐獲罪。而裴寂以宮女侍淵，淵畏罪，於是世民等乘機勸淵舉事，淵始決心起兵，謂世民曰：「破家亡身由汝，化家爲國亦由汝矣！」時突厥強盛，淵奉手啓稱臣，厚禮結之，以免外顧之憂，部署既當，遂取長安。立煬帝孫楊侑卽位，是爲恭帝，改元義寧（西元六一七年），遙尊煬帝爲太上皇，淵自爲唐王。恭帝嘗照鏡自語：「好頭顱誰當斫之」，其憊可知。

江都驍果將領司馬德戡、元禮等與大臣宇文智及（宇文述子）謀叛，推智及兄右屯衞將軍宇文化及爲主；德戡等率兵入宮，縊死煬帝於寢殿。化及立秦王浩（秦王俊子）爲帝，盡殺隋宗室、外戚。化及自稱大丞相，接收十餘萬隋軍和六宮粉黛，自奉一如煬帝。既而化及命陳稜留守江都，自行率衆北返。

煬帝遇害消息傳抵長安，恭帝「禪位」於李淵。李淵改元武德（西元六一八年），國號唐，是爲唐高祖，而隋東都奉煬帝孫越王侗卽位，是爲恭帝，改元皇泰，王世充掌理朝政。時宇文化及率軍西進，取李密所據黎陽，嗣爲李密部將徐世勣所敗，化及率殘部北走魏縣（河北大名）。九月，化及鴆殺秦王浩而自立，國號許。唐武德二年（西元六一九年）一月，化及因唐兵攻擊，自魏縣奔聊城（山東聊城）。二月，竇建德攻滅化及。四月，王世充廢恭帝侗自立，國號鄭。至此隋室正式結束。隋自文帝篡北周自立，至恭帝禪位李淵，傳三君，三十七年亡。國祚之短促，僅次於新莽，雖因隋煬帝苛徵擾民而亡，惟開築運河之功，實不可沒，宋人皮日休詩謂：「人道隋亡是此河，至今千里賴通波。若無水殿龍舟事，共論禹功不較多。」實爲平情之論。

玖　東方共主的大唐帝國

一　國史上的光榮盛世

(一) 唐的統一與聲威

唐高祖李淵代隋自立後，遣次子秦王李世民於武德元年（西元六一八年）起掃蕩羣雄。同年，消滅蔣仁杲（蔣舉子）的秦及李軌的涼。唐武德二年（西元六一九年），劉武周引突厥南侵，下幷州（山西太原）、澮州（山西翼城），關中大震。唐武德三年（西元六二〇年），世民大破劉軍於介休（山西介休），復幷州。世民繼攻王世充，世充自立後據地北至黃河，東至魯南、蘇北，南至豫西、鄂北，惟世充殘虐成性，衆心乖離，河南州縣，聞世民來討，相率歸唐。唐武德四年（西元六二一年），唐軍圍洛陽，世充求援於竇建德，建德率軍赴援，爲唐軍生擒，世充亦降，至是黃河南北兩大勢力一鼓蕩平。蕭銑於唐武德元年稱帝，徙都江陵（湖北江陵），勢力日張，據地東至九江，西抵三峽，南達交趾，北臨漢水，擁兵四十萬，爲南方羣雄之強。銑性情褊狹猜忌，大臣被誅者甚多。唐武德四年，唐以趙郡王李孝恭與李靖自夔州（四川奉節）順流而下，破道經各郡縣，進圍江陵，蕭銑投降。唐武德五年（西元六二二年），唐平林士弘，東南亦告底定。

唐武德四年，竇建德舊部劉黑闥據漳南（山東恩縣西北），不半年，恢復建德舊有據地。唐武德五年，黑闥自稱東漢王，建都洺州（河北永年），李世民與齊王元吉討之，黑闥敗奔突厥，繼引突厥南寇，盡復故土。唐太子建成討之，相持於昌樂（河北南樂西北）。次年，黑闥以食盡北逃，爲部下擒送建成，斬於洺州。先是，唐以淮安王李神通、李勣攻徐圓朗，及滅黑闥，圓朗亦敗逃被殺。至此北方割據勢力，尙剩朔方的梁師都和燕州（河北順義）的高開道。

江淮地區割據勢力爲杜伏威所併，其勢力伸展至江南一帶。唐武德五年，伏威降唐，入居長安。次年，輔公祏起兵於丹陽（南京）稱帝，國號宋。唐以李孝恭、李靖、李勣等討之，唐武德七年（西元六二四年），唐師克丹陽，公祏逃走被殺，叛亂遂定。

輔公祏被滅前不久，高開道爲部下所殺，其地歸唐。梁師都恃突厥爲援苟延歲月。唐太宗貞觀二年（西元六二八年），唐以柴紹等討之，突厥頡利可汗來援，爲唐所敗。旣而師都從弟洛仁殺師都降唐，至此全國統一，開創國史上輝煌盛世。

唐初文治武功彪炳史乘，就文治言：太宗貞觀時代政績至今猶爲史家樂道；就武功言：太宗北破突厥，聲威所暨，異國君長羣尊爲「天可汗」；四方異族經太宗、高宗的經略，無不威服。天下大道條條通長安，長安不僅是大唐國都，亦是亞洲政治文化中心。亞洲大陸幾爲唐所獨霸，國勢之盛，除元朝外，無一朝代可與抗衡。唐以東方共主姿態出現，建立亞洲唯一大帝國，爲第七世紀以來三百年間，世界上最文明而又繁榮的國家，亦爲中國史上最光榮的盛世，至今世界各地仍沿用「唐人」稱呼國人。

（二） 盛唐的疆域

盛唐時代的版圖，除帝國本部（長城以南、玉門關以東地）外，西有天山南北路和葱嶺以西直抵碎葉水（吹河）地區，西南有青海中部、川康邊區和雲南東北部，東達朝鮮半島北部，南至越南東北部，北指大漠南北。此外，唐室羈縻統治的有碎葉水以西至波斯，和碎葉水以東，經巴爾克什湖（西伯利亞），直抵朝鮮半島南部的廣大地區。其他鄰國如吐蕃、天竺（印度）、南詔（雲南）、占婆（爪哇）、眞臘（柬埔寨）等國，均遣使朝唐。

二　高句麗稱臣中國唐高祖不受其臣

唐高祖統一中國，高句麗榮留王（名建武，係嬰陽王異母弟）稱臣於唐，唐高祖爲懷柔高句麗不受其臣，且與之和親。

三　百濟入朝唐高祖册封爲「帶方郡百濟王」

百濟經威德王、惠王、法王三朝勵精圖治，政治一新，及武王（扶餘璋）即位，國勢漸盛。盛唐初開，百濟武王於唐武德四年（西元六二一年），遣使朝唐，高祖李淵懷柔遠人，册封爲「帶方郡百濟王」。

拾　唐太宗援新羅伐高句麗

一　國史上偉大人物——唐太宗

（一）　功德兼隆的唐太宗

唐有天下，可稱者四君，太宗、高宗、玄宗、憲宗，而以太宗尤著。

秦王李世民是唐高祖次子，雄才大略，輔助高祖南征北討，立功最大，高祖泥古立長，以建成爲太子，因世民有殊功，加「天策上將」以酬庸。唐武德九年（西元六二六年），建成與弟元吉謀殺世民，事敗，反爲世民所殺，世民受禪卽位，是爲唐太宗。尊高祖爲太上皇，改元貞觀。

唐太宗二十四歲奠定全國，完成統一；二十九歲卽位，海內大定，四夷綏服，混合胡、漢，恩威並濟，諸種族依之若父母，尊之爲「天可汗」。

唐太宗嘗言：「自古帝王雖平定中夏，不能服戎狄，朕才不逮古人，而成功過之，所以能及此者，自古皆貴中華，賤夷狄，朕愛之如一，故其種落皆依朕如父母。」（通鑑唐紀）唐太宗的天下一家觀念，使外族多折心中華文教，雖非全屬帝王撫綏懷柔之效，然中國民族實隨唐室國威之發揚而益大，華夏文化亦因以益增其光榮焉。

（二）　唐太宗的文治與武功

「新唐書太宗本紀」贊語唐太宗云：「其除隋之亂，比迹湯武，致治之美，庶致成康，自古功德兼隆，由漢以來未之有也。」

唐太宗秉政，深懔「馬上得天下，不能以馬上治之」，而優禮秦王府十八學士及學養有素的名臣，其中房玄齡之善「謀」，魏徵之強「諫」，尤荷太宗倚重，引爲股肱。唐太宗因有開曠容人的雅量與求賢禮賢的氣度，遂能政通人和，蔚成「貞觀之治」。

貞觀之世雖僅二十三年，但此一時期的文治武功震爍千古，茲舉其犖犖大者，分述如下：

㈠ 選賢任能——唐高祖時賄賂公行，綱紀紊亂。而士大夫在亂離之後，息隱山林，多不願復入仕途。唐太宗躬行節儉，勤求內治，以誠信統御天下，其云：「吾爲官擇人，惟才是與。苟不才，雖親不用。如有才，雖讎不棄」。「爲政之要在於進賢，退不肖，賞善罰惡，至公無私」。由於唐太宗宏量之資，延攬人才，遂成治世。名將有李靖、李勣、尉遲敬德、秦叔寶、張亮、張公瑾、程知節、侯君集等。賢輔前期有杜如晦、房玄齡、王珪、溫彥博、戴冑等；後期名臣有長孫無忌、高士廉、高儉、楊師道、岑文本、劉洎、馬周、褚遂良、孔穎達、盧世南、蕭瑀等。

㈡ 獎勵諫諍——唐太宗說：「君自爲詐，何以直臣下之直乎？」太宗求治心切，恥權譎小數，而拳拳納善，恐人不諫常導之使言。而御史亦認法律乃天子與天下人所共有，故爲政莫如至公，人主應兼聽，有失輒諫，致開唐代諫諍之風。故貞觀時代直諫之臣特多，魏徵即以直諫聞於世；唐太宗說：「以銅爲鏡可以正衣冠，以古爲鏡可以知興替，以人爲鏡可以明得失，朕常保此三鏡以防己過。」以人爲鏡指魏徵。

㈢ 整飭吏治——唐太宗力主精簡政治及健全地方幹部，其謂房玄齡：「官吏在得人，不在員多。」唐貞觀元年（西元六二七年）十二月，裁汰冗員，中央文武官員僅留六百四十三員，革除濫竽冗雜。對都督、刺史、縣令等親民官吏，均親自簡選，詳察其善惡行跡，以備黜陟，此外，經常派員至各地視察吏治，省民疾苦。

㈣ 大興國學——唐太宗大興國學，國學生近萬人，四夷外邦亦遣子弟入學，一時學術大盛。唐貞觀十一年（西元六三七年）一月，釋奠以孔子爲先聖，顏回爲配饗。

㈤ 更定律令——唐貞觀五年（西元六三一年）十二月，太宗命長孫無忌等更定律令，改絞刑五十條爲流徙。對死刑罪案，命中書、門下二省四品以上官員與尚書愼加研判，以免冤濫。京師處決死刑犯，須於行刑前覆奏五次，奉准後始可執行，地方處決者須覆奏三次。唐貞觀七年（西元六三三年）九月，大赦死囚三百九十人。

㈥ 置弘文館——唐太宗雅好文學，置弘文館，聚四部書二十餘萬卷（經、史、子、集四類以甲、乙、丙、丁爲次），日與文臣討論文籍，商榷治道。

由於太宗的治績，以至「外戶不閉，行旅不齎糧」，綱紀肅然，吏治清明，蔚成貞觀治世。

唐太宗武功最著者有：

㈠ 滅東突厥——隋末唐初天下動亂，東西突厥轉盛。東突厥勢力範圍東達東北諸省，西有青海、新疆東部；契丹、室韋、吐谷渾、高昌等，均爲其臣屬。唐的統一爲突厥所不願，而隋殘餘勢力亦鼓勵其打擊唐室；劉武周、梁師都等亦向其借兵抗唐；於是東突厥由唐室的支援者變爲敵人。唐武德三年（西元六二〇年）後，東突厥歲歲入寇，飽掠而歸。唐太宗即位，東突厥頡利可汗與姪突利可汗因梁師都的勾引而入侵，軍抵長安西北渭水便橋，太宗親至渭水，與頡利訂盟，並贈以金帛，東突厥始退。

唐貞觀元年，東突厥大雪爲災，而鐵勒部薛延陀背叛，國勢漸衰。由於唐的離間政策，頡利與突利發生衝突，突利於唐貞觀二年（西元六二八年）投降唐室。唐貞觀三年（西元六二九年）十一月，唐太宗命李靖、李勣伐東突厥，唐貞觀四年（西元六三〇年）一月，李靖率騎三千突擊頡利於定襄（綏遠歸綏南），頡利遁陰山，爲唐師所擒。東突厥部衆除附薛延陀或奔西域外，投降唐室者十餘萬口。唐將之安置在幽州（河北大興）至靈州（寧夏靈武）邊塞地區，以突利及阿史那思摩（頡利堂叔）爲都督以統理之。

㈡　平吐谷渾——吐谷渾伏允可汗乘隋末大亂恢復故土，據青海巴顏喀喇山以北及新疆東南隅地。唐太宗時伏允屢入寇，唐貞觀八年（西元六三四年），太宗命李靖、侯君集等討之，次年，敗吐谷渾於庫山（青海湖西和碩特旗境），伏允輕兵逃入磧中，靖與君集南北兩路搜索伏允；君集自南路入無人之地二千餘里，追及伏允於烏海（青海湖南）大破之，伏允遠遁；李靖率軍經吐谷渾西境，時伏允逃至突倫川（青海湖西），靖破其牙帳，斬首數千，獲牲畜二十餘萬，俘允妻子。伏允逃走，爲部下截殺。伏允子順降唐，唐立順爲可汗以統其國。順久居中國（隋與唐高祖時順入質中國），國人不附，爲部下所殺，國內大亂。唐遣侯君集率兵赴吐谷渾，立順子諾曷鉢爲可汗。唐貞觀十三年（西元六三九年），諾曷鉢入朝，唐太宗以宗室女弘化公主妻之。

㈢　經營西域——隋末唐初，西域諸國臣屬西突厥。唐貞觀十二年（西元六三八年），西突厥分裂爲東西二部，國力大弱，唐太宗遂乘機經營西域。

高昌本漢車師王廷舊地，在新疆吐魯番一帶，地當西域各國人唐要衝。唐初，高昌王文泰與唐親善，唐太宗賜姓李。其後，文泰斷絕貢道，並勾結西突厥，企圖攻擊請求內屬的伊吾（新疆哈密），因唐切責而止。之後，聯西突厥攻破焉耆（新疆焉耆），焉耆求援於唐，太宗乃於唐貞觀十三年遣侯君集、薛萬徹等擊之。次年，文泰憂懼而死。子智盛立，投降唐室。唐將智盛君臣遷至京師，於高昌地設西州，置安西都護府，留兵鎮守。先是，西突厥遣兵屯於可汗浮圖城（新疆孚遠），與高昌相呼應，至是懼而投降於唐，唐將其地劃爲庭州（新疆迪化）。

龜茲位高昌西，地居新疆庫車。唐高祖時龜茲王蘇伐勃駃遣使朝唐；子蘇伐疊立，每歲入貢。但同時臣服於西突厥。唐貞觀二十一年（西元六四七年），蘇伐疊死，弟訶黎布失畢繼立，中止朝唐，並侵凌鄰國。唐太宗因遣阿史勒社爾（突厥人）與郭孝恪等將兵擊之，並命鐵勒、突厥聯合進討。次年，孝恪等自焉耆西部進擊龜茲北境，焉耆王薛婆阿那支棄城逃走，保其東境，唐師追斬之，並令其從弟先那準爲焉耆王。繼下龜茲城，追擒布失畢。龜茲相那利導西突厥部及龜茲兵共萬餘人突擊唐師，殺郭孝恪，但終爲唐師所平。社爾將布失畢俘送京師，唐立布失畢弟葉護爲王。西域諸國懾於唐勢，相率奉唐。

(四) 滅薛延陀降鐵勒——薛延陀是鐵勒十五部中最強大的一部，其版圖東至靺鞨（松花江下流地），西至西突厥，南接沙磧（外蒙古沙漠），北至俱倫水。

唐貞觀二年，唐太宗冊封薛延陀酋夷男爲眞珠毗伽可汗，與之共圖東突厥頡利可汗。夷男建牙帳於鬱督軍山（外蒙古杭愛山北），回紇諸部臣屬薛延陀。頡利旣亡，夷男率部落移至獨邏水（外蒙古土拉河）南的都尉楗山（烏德鞬山），有兵二十餘萬，其勢甚強。唐貞觀十三年，唐命李思摩率突厥降衆徙居「河北」（套外地）；唐太宗賜眞珠可汗璽書，命其與思摩各守疆土，不可踰越。唯唐貞觀十五年（西元六四一年）眞珠可汗以三十萬兵越沙漠南擊思摩，思摩率衆入長城。唐派李勣等擊破眞珠，但思摩不敢回河北。其後，眞珠奉貢唯謹，並向唐求婚，但唐未允。

唐貞觀十九年（西元六四五年），眞珠死，子拔灼立爲多彌可汗，乘唐伐高句麗而南侵，唐兵大破之於夏州。次年，回紇酋長吐迷度乘機與僕固、同羅（均屬鐵勒部）殺多彌，回紇據薛延陀地，與鐵勒諸部相繼奉唐。薛延陀七萬餘衆向西撤走，李勣等擊殺五千人，俘虜老弱三萬，薛延陀滅亡。唐遣使曉諭鐵勒諸部，皆請入朝。唐貞觀二十一年，唐改鐵勒諸部爲府州，以其酋長爲督都、刺史。諸部請於回紇以南，闢「參天可汗道」，置六十八驛，以便朝獻，唐太宗許之。同年，唐置燕然都護府於故單于臺（綏遠歸綏西）以統其地。唐北邊始定。

(五) 平吐蕃——吐蕃位土谷渾西南，據康藏高原一帶地。唐貞觀八年，吐蕃王棄宗弄讚始遣使朝貢中國，唐亦遣使慰勞，弄讚向唐求婚，唐不許。吐蕃疑吐谷渾離間，發兵攻之，吐谷渾不支，部衆奔青海湖以北，牲畜爲吐蕃所掠；繼破黨項諸羌，擁衆二十萬，進攻松州（四川松潘），唐貞觀十二年，唐以侯君集督軍討之，敗吐蕃於松州城下。弄讚謝罪，復求婚，唐始應允。唐貞觀十四年（西元六四〇年），弄讚派大論（宰相）祿東贊獻納聘禮。次年，唐以宗女下嫁，弄讚築成郭宮室以居之；公主惡吐蕃人以赤色塗面漏習，弄讚下令廢止；其亦漸染華風，遣豪酋子弟入唐國學，並聘中國士人職司表疏。

(六) 黨項的內附——黨項屬西羌種，魏晉以降甚衰，北周時漸強大，據四川、西康、青海邊境交界地，即積石山黃河上源一帶，北與吐谷渾爲鄰，西與吐蕃接壤。其境連亙三千里，山谷崎嶇，部落衆多，不相統一，而以拓跋氏最強。黨項自北周、隋以來叛服無常。唐貞觀三年，黨項酋長細封步賴率部內附，其他部落相率歸唐。唯拓跋赤辭與吐谷渾伏允可汗善，拒不歸附。李靖擊吐谷渾，厚賂黨項，以爲嚮導。及吐谷渾平，拓跋赤辭與唐將李道彥衝突，赤辭擊道彥，唐師死數萬人。唐屢招撫，赤辭始率衆內屬，唐室畀以西戎州都督，賜姓李，從此奉貢不絕。於是河首（黃河發源地）、積石山以東地遂爲唐有。

二　唐太宗援新羅伐高句麗

高句麗榮留王二十五年，東部大對盧（按東部爲貴族五部之一，大對盧是部中最高行政官吏）泉蓋蘇文殘暴不仁，東部五大人（按指貴族五部族長）與榮留王密謀殺之，事洩，泉蓋蘇文誘榮留王與五大人飲宴，盡殺之，立榮留王姪臧即位，是爲寶臧王。泉蓋蘇文自稱「莫離支」（相國之位），擅專國政，集軍政大權於一身，身佩五刀，聲勢凌人，左右不敢仰視。旋遣使入唐，朝臣奏請唐太宗弔民伐罪，膺懲泉蓋蘇文，唐太宗未允，除以道德經贈高句麗使節攜返外，並遣使平壤，弔唁榮留王之喪。

此時，新羅國勢日盛，大關嶺以東濱海之咸興（今咸鏡南道）皆屬其勢力範圍，高句麗因忌新羅強盛，乃聯合百濟出兵擊之。唐貞觀十七年（西元六四三年），新羅武烈王求援於唐，太宗遣使勅書高句麗寶臧王勸與新羅和好，但爲泉蓋蘇文所拒，並囚禁唐使，唐太宗以高句麗倔強無理，乃於翌年（唐貞觀十八年、高句麗寶臧王三年、西元六四四年）下詔討伐，並分令新羅、奚（位於內蒙古東南境車臣汗部一帶之地，唐高祖武德年間入貢中國）、契丹（位於熱河及遼寧北部，唐高祖武德六年來貢，唐貞觀二年其酋摩會內屬）出師申討。

同年七月，營州都督張儉帥幽（今河北薊縣）、營（今熱河朝陽）二州兵，與契丹、奚之援軍，組成前鋒軍待命出擊。

同年十一月，唐太宗以張亮爲平壤道行軍大總管，李勣爲遼東道行軍大總管，分率十六總管兵，由海陸並進；李勣偕副大總管江夏、王道宗率陸軍自幽州出發，經柳城，由通定鎮渡遼水，攻占蓋牟（今遼寧蓋平），易名蓋州；張亮帥水軍攻陷卑沙城，進渡鴨綠江。

唐貞觀十九年（高句麗寶臧王四年）一月，唐太宗將親征，特號召長安父老鼓勵子弟從軍，他說：「子若孫從行者，我能附循之。」青年子弟紛紛應召，唐太宗爲答謝父老盛意，厚賜布粟以酬。

同年二月，唐太宗軍次定州（今河北定縣），太子李治（卽高宗）隨侍左右，唐太宗語太子，不俟凱旋，不更袍服，以示必勝信心。繼進軍馬首山，與李勣會師，攻陷遼東、白巖（遼寧遼陽）二城，改置二州。

同年九月，唐太宗以五十萬兵力，圍攻安市（今遼寧蓋平東北），高句麗軍堅守不棄，唐軍攻城二月不能下，且傷亡過半。此時，遼東已入隆冬，草枯水凍，而軍糧不繼，唐太宗乃於十二月班師。

此役陸軍生還者僅千人，戰馬損失約九千匹，水軍損失較輕，約數百人。

泉蓋蘇文自唐師來攻敗績後，益加桀敖，爲防唐師再擊，除沿其邊境築柳條牆以備之，並時襲中國邊境，唐則以游擊戰術困之，使高句麗人「不得耕種」、「釋耒入堡」，而「人心自離」，藉收「不戰而取」之利。

唐貞觀二十三年（西元六四九年），太宗計議以三十萬水軍，自山東萊州經海道再征高句麗，因令劍南居民趕造戰船。惟以伐木役及山獠，激起雅、眉、邛三州山獠叛亂，唐太宗急調隴右、峽中兵二萬餘人堵擊，始告平定。同年，唐太宗去世，唐罷征高句麗。

三　唐太宗調解百濟新羅爭端

唐太宗即位，百濟頻年對新羅用兵，唐遣使調解，武王不從，但事唐如故，而唐太宗亦待之以禮。唐貞觀十五年，百濟武王逝世，唐太宗賜諡「光祿大夫」，並賻厚禮，復於玄武門設靈舉哀。百濟義慈王繼位後，繼續遣使朝唐，太宗授義慈王爲「柱國」。

拾壹　唐高宗援新羅平百濟高句麗

一　唐高宗的勳業

唐太宗有十四子，長孫皇后生三子，即太子承乾、濮王泰、晉王治。承乾幼聰敏，及長喜聲色，好突厥語及服飾，嬉戲無度。泰則愛士喜文學，頗負時譽。泰有奪嫡意，因此各樹朋黨，朝局不安。唐貞觀十七年（西元六四三年），有控太子謀反，按驗得實，唐太宗廢承乾爲庶人，牽連被誅者有漢王元昌（太宗弟）、侯君集、杜荷（如晦子）等。唐太宗初有立泰意，繼惡其凶險而不立；長孫無忌力讚晉王治，乃立爲太子，時年十六。唐貞觀二十三年（西元六四九年），太宗崩，治即位是爲唐高宗，明年改元永徽。唐高宗初年承貞觀餘緒，治績比隆乃父，百姓阜安，政治昌明。尤以對外經營，功績卓著，威令所行，東及遼海，北達大磧，西至波斯，南被天竺。茲簡述高宗武功如次：

㈠　降服東突厥——先是唐太宗貞觀十三年（西元六三九年），突利弟結社率在京師謀反，於是唐封李思摩爲乙彌泥孰俟利苾可汗，命率部返東突厥故地。不數年，俟利苾因薛延陀侵逼，率部南移，唐將之安置於勝（綏遠托克托西南黃河西岸）、夏（陝西橫山西）二州間，俟利苾則入居京師，東突厥故地爲突厥酋長車鼻可汗所據。唐高宗永徽元年（西元六五〇年），唐擒車鼻，安置其餘衆於鬱督軍山，東突厥降服。同年，唐設單于、瀚海二都護府，管理大漠南北地區。

㈡　平定西突厥——西突厥射匱可汗於隋煬帝時逐處羅可汗（曷薩那可汗）後，國勢漸強。唐高祖武德元年（西元六一八年），射匱死，弟統葉護可汗繼立，國勢益強，西拒波斯，南接罽賓（印度克什米爾一帶地），東與東突厥對峙；擁兵數十萬，於西域石國以北的千泉（蘇聯 Talass 東）建都，臣服西域諸國。唐於武德三年（西元六二〇年）與西突厥約定於唐武德五年（西元六二二年）冬，聯攻東突厥；東突厥頡利可汗大恐，因與統葉護講和。

唐貞觀二年（西元六二八年），統葉護爲伯父所殺。此後，西突厥連年內亂，唐貞觀十二年（西元六三八年），分裂爲東西兩部。唐貞觀十五年（西元六四一年），西突厥西部的沙鉢羅葉護可汗爲東部乙毗咄陸可汗所擊殺。次年，乙毗咄陸滅西域的吐火羅（阿富汗北境），拘唐使，進寇伊州（新疆伊吾），爲唐所敗，乙毗咄陸逃奔吐火羅。據多邏斯水（新疆喇喀額爾齊斯河）的葉護阿史那賀魯於唐貞觀二十二年（西元六四八年）率數千牙帳內屬，唐將之安置於庭州。

唐高宗永徽二年（西元六五一年），阿史那賀魯率衆西走，統一西突厥東西二部，南下入寇。唐顯慶二年（西元六五七年），唐擒賀魯，將伊犂河、吹河流域的西突厥據點，分爲濛池、崑陵二都護府；將賀魯原統多邏斯水的部衆及其所役屬的西域各國，西至波斯，皆設州府，置於安西都護府治下。

㈢ 平服鐵勒諸部——唐高宗龍朔元年（西元六六一年），親唐的回紇酋長婆閏死，姪比栗毒代領其衆，會合同羅、僕固等部犯邊，唐派鄭仁泰、薛仁貴等伐之。次年，鐵勒諸部十餘萬衆拒唐師大敗。仁貴等北越沙漠追擊餘衆，糧盡遇雪，唐師一萬四千人生還僅八百人。唐龍朔三年（西元六六三年），唐平鐵勒諸部。

㈣　獨霸西域——唐永徽元年，唐以龜茲內亂頻仍，酋長爭立，復以布失畢爲龜茲王，命返國撫慰其衆。唐顯慶二年，唐平西突厥而獨霸西域。自龜茲以西至波斯，皆設州府，置安西都護府治下。次年，龜茲內亂又起，唐再平之，徙安西都護府於龜茲（新疆庫車），唐在西域聲威益隆。

二　唐高宗援新羅平百濟

百濟自義慈王即位後，驕奢淫佚，不恤國事，妄殺諫臣，國政窳敗。對新羅的侵凌，歲無虛日。唐高宗即位後，義慈王與高句麗、靺鞨勾結，中止朝唐，且阻斷新羅朝唐通道，又奪據新羅北境三十餘城，新羅武烈王不堪百濟與高句麗侵逼，特遣金仁問（按據桂苑筆耕集云：金仁問「多讀儒家之書，兼涉老莊浮屠之說，七入大唐，在朝宿衛，計月日凡二十二年。」）於唐永徽六年（西元六五五年）使唐求援。唐自高祖開國以來，朝鮮半島三國中，以新羅事唐最恭，唐帝視爲「君子之國」，唐高宗因援新羅，乃遣使百濟勸勿與高句麗聯犯新羅，但爲義慈王所拒，唐高宗乃有先下百濟，再取高句麗之議。

唐顯慶五年（百濟義慈王二十一年、西元六六〇年）六月，唐高宗命左衛大將軍蘇定方爲神丘道行軍大總管、新羅金仁問爲副總管，率水陸軍十三萬人由萊州渡海伐百濟，新羅武烈王派太子法敏、大將軍金庾信領兵五萬支援。

同年七月十二日，蘇定方與金庾信合師圍攻百濟王城泗沘（今忠清南道扶餘），百濟力拒不支，義慈王走避熊津（今公州），次子扶餘泰繼立，固守泗沘不棄，惟太子扶餘隆以大勢已去，親至蘇定方營乞和，扶餘泰遂開城降唐。唐軍入城，斬首萬餘級。同月十五日，蘇定方刻「大唐平百濟塔碑」，以誌其功。

同年九月，蘇定方執百濟義慈王與太子扶餘隆以下八十餘人，送往唐都長安。未幾，義慈王病逝，唐高宗追贈「衛都卿」，並爲其營墓於吳大帝孫皓與南唐後主陳叔寶墓側。另授扶餘隆爲「司嫁卿」。

唐平百濟之後，將其舊治五部，三十七州，三百五十縣，及人口二十四萬戶，新置五都督府（熊津、馬韓、東明、金漣、德安）以治之，並派郎將劉仁願領兵一萬守泗沘城，另命右衛中郎將王文度爲熊津都督以鎮之。至是百濟自溫祚王建國以來，凡三十王，六百七十七年亡。

三　日本援百濟復辟唐遣師殲日軍於白江口

唐置五都督府統治百濟之後，百濟王族福信（義慈王姪）據周留城（今全羅北道全州西部），與僧道琛謀復辟，而乞師日本，並擬迎歸前質於日本之百濟王子豐璋爲王。日本因欲恢復「任那時代」勢力，對百濟復辟事，甚願支持，齊明天皇乃於唐龍朔元年（日本齊明天皇復辟之七年）派太子天智前往筑紫（位日本九州）部署軍事，以呼應百濟復辟行動，另派阿曇比羅夫領兵五千護送豐璋歸國，即位於周留城。

百濟復辟成功後，福信爲進一步消滅唐軍在百濟實力，繼圍攻熊津都督劉仁願於熊津（按熊津都督王文度於唐高宗顯慶五年九月病逝，劉仁願奉代熊津都督），唐高宗即詔帶方州刺史劉仁軌統王文度師與新羅文武王、金庾信部衆馳解熊津之圍。劉仁軌將兵嚴整，轉鬬陷陣，所向無敵，敗道琛於白江（今忠清南道錦江），百濟軍溺斃萬餘人，熊津圍解。

其後，福信與道琛互爭權利，猜忌日甚，道琛卒爲福信所殺，福信收編其衆，復召亡納叛，勢力日張。由於福信獨攬大權，致與豐璋利害衝突，二人浸相疑忌，視同仇讎。一日，福信稱疾臥窟室，擬俟豐璋探疾之際襲殺之，豐璋知其陰謀，倏率親信乘福信不備殺之。豐璋因與日本有舊，且知高句麗與唐交惡，茲値政敵已除，爲鞏固其政權計，乃於唐龍朔二年（日本天智攝位第一年）分別遣使日本與高句麗二國，請求軍事援助。

先是，唐高宗以蘇定方伐高句麗，圍平壤不下，遂令劉仁軌率駐百濟唐軍撤往新羅，與文武王商決去留，唐軍將士亦有歸心。惟劉仁軌以駐百濟之師不可撤，他對部將申述其利害謂：「春秋之義，大夫出疆，有可以安社稷，使國家者得專之。今天子欲滅高句麗，先誅百濟，留兵鎮守，制其心腹，雖孽豎跳梁，士力未充，宜厲兵粟馬，乘無備，擊不意，百下百全，戰勝之日，開張形勢，騰檄濟師聲援接，虜亡知。今平壤不勝，熊津又拔，則百濟之燼復燃，高句麗之滅無期，吾等雖入新羅，正似坐客，有不如志，悔可得邪？扶餘豐（卽豐璋）猜貳，表合內攜，勢不支久，宜堅守伺變以求之，不可輕動。」（新唐書劉仁軌傳）衆從其議。

熊津都督劉仁願，偵知豐璋乞師日本，將圖大舉，卽奏請益兵，唐高宗派右衛將軍孫仁師率軍七千浮海增援。孫仁師與劉仁願、劉仁軌及新羅文武王，金庾信會商戰略於熊津，諸將以加林城爲水陸要衝，宜先攻之，劉仁軌獨持異見，他說：「兵法避實擊虛，加林險而固，急攻則傷士卒，緩之則曠日持久。周留城虜之巢穴，羣凶所聚，除惡務本，宜先攻之，若克周留，諸城自下。」（新唐書劉仁軌傳）諸將折服，採仁軌議，先攻周留城。

唐龍朔三年（日本天智攝位之第二年），孫仁師、劉仁願與新羅文武王率陸軍以進；劉仁軌與別將杜爽、扶餘隆（百濟太子，於俘送長安後釋回百濟，隨唐軍行動）率水軍及軍糧，自白江進擊周留城。當劉仁軌軍馳抵白江口，適與日本援豐璋軍遭遇，中日兩軍展開激烈戰爭，仁軌軍四戰四捷，日將秦田來津陣亡，日兵膽落，傷亡殆盡，白江口海水皆赤，日船四百艘亦遭焚毀，煙燄灼天。豐璋倉促逃亡高句麗，百濟復辟政府文武官吏亦逃避日本，百濟王子扶餘忠勝、忠志見大勢已去，親率日人與守城士卒出降，百濟復辟至此結束，而日本勢力隨之退出朝鮮半島，約七百年之久。（直至李氏朝鮮初世，日本始恢復半島勢力）。

白江口之役，是中日兩國以兵戎相見的第一次。戰爭結束後，日本天智天皇深懼唐軍泛海來征，除在軍事方面積極部署沿海岸防禦工事，爲修好於唐，在外交方面遞次遣使貢唐，以示輸誠。而日本的「遣唐使運動」，亦卽導因於此，一方面在吸收中國文化，一方面在對唐的翕然臣服。

四　劉仁軌留鎭海東威震日本

唐帶方州刺史劉仁軌於白江口大勝日軍後，百濟平定，中朝敕令仁軌回師，仁軌特上書高宗，剖陳留鎭百濟之得失謂：「臣伏覩所存戍兵，疲羸者多，勇健者少，衣服貧敝，唯思西歸，無心展效。臣問以往在海西見百姓人人應募，爭欲從軍，或請自辦衣糧，謂之義征，何爲今日士卒如此？咸言今日官府與曩不同，人心亦殊，曩時東西征役，身沒王事，並蒙勅使弔祭，追贈官爵，或以死者官爵回授子弟，凡渡遼海者，皆賜勳一轉。自顯慶五年以來，征人屢經渡海，官不記錄，其死者亦無人誰何。州縣每發百姓爲兵，其壯而富者，行錢參逐，皆亡匿得免，貧者身雖老弱，被發卽行。頃者破百濟及平壤苦戰，當時將師號令許以勳賞，無所不至，及達西岸，惟聞枷鏁推禁，奪賜破勳，州縣追呼，無以自存，公私困弊，不可悉言。以是昨發海西之日，已有逃亡自殘者，非獨至海外而然也。又本因征役、授勳級以爲榮寵，而比年出征，皆使勳官挽引，勞苦與白丁無殊，百姓不願從軍，率皆由此。臣又問曩日士卒留鎭五年，尙得支濟，今爾等始經一年，何爲如此單露？咸言初發家日，惟令備一年資裝，今已二年，未有還期，臣檢校軍士所留衣，今冬僅可充事，來秋以往，全無準擬。陛下留兵海外，欲殄滅高（句）麗，百濟、高（句）麗，舊相黨援，倭人雖遠，亦共爲影響，若無鎭兵，還成一國，今既資戍守，又置屯田，所藉士卒同心同德，而衆有此議，何望成功，自非有所更加，厚加慰勞，明賞重罰，以起士心。若止如今以前處置，恐師衆疲老，立效無日。逆耳之事，或無人爲陛下盡言，故臣披露肝膽，昧死奏陳。」（資治通鑑唐紀）仁軌對當年役政，後勳補給、賞罰等利弊揭露無遺，而「倭人雖遠亦共爲影響」，蓋知日人之終足爲患也。

及熊津都督劉仁願奉旨自百濟回師更代舊鎭兵之同時，唐高宗仍敕劉仁軌俱還。仁軌謂仁願曰：「國家懸軍海外，欲以經略高句麗，其事非易，且夷人新服，衆心未安，將軍且留鎭撫，未可還也。」仁願答謂：「吾前還海西，大遭讒謗，云吾多留吾衆，謀聚海東，幾不免禍。今日惟知准敕，豈敢擅自所爲。」仁軌慷陳報國之志謂：「人臣苟利於國，知無不爲，豈恤其私。」旋又上書唐高宗，陳情便宜留鎮百濟，高宗終納其議。

其後，劉仁軌在朝鮮半島威望日增，海東諸國敬而服之，日本對之尤敬禮有加。據「日本書紀」云：「天智攝位之四年（唐高宗麟德二年、西元六六五年），唐百濟鎮將劉仁軌遣散朝大夫沂州司馬上柱國劉德高至日本，日廷饗賜德高於筑紫，使大友皇子見之，並令守大石、坂合部石積等送之還；是爲第一次送唐使。至天智六年（唐高宗乾封二年、西元六六七年），劉仁軌遣熊津都督府司馬法聰等，送石積至九州筑紫，法聰歸時，日廷又遣伊吉博德、笠諸石護送之；是爲第二次送唐使。」日人對唐使「逢迎惟恭，護送惟謹」，故史家有謂：「其能發揚華夏之威德，仁軌亦人傑哉。」

五　劉仁軌主持百濟新羅結盟

唐高宗自平定百濟復辟事件後，爲確保對百濟的宗主權，因授百濟前太子扶餘隆爲「熊津都督百濟郡公」，命其返回百濟故土，與新羅釋嫌修好，和平相處。唐高宗復將新羅劃爲唐的一州，任新羅文武王爲大都督。

唐麟德二年八月，劉仁軌親爲百濟、新羅結盟於熊津，刑白馬歃血和親，並勉效忠唐室。另在就利山（位熊津州）築壇，爲百濟、新羅分界線。

熊津盟辭云：「往者百濟先王，罔顧逆順，不敦鄰，不睦親，與高（句）麗、倭共侵削新羅，破邑屠城。天子憐百姓無辜，命行人修好。先王負險恃遐，侮慢弗恭，皇赫斯怒，是伐是夷。但興亡繼絕，王者通制，故立前太子隆爲熊津都督，守其祭祀，附杖新羅，長爲與國，結好除怨，恭天子命，永爲藩服。右威衛將軍魯城縣公仁師親臨厥盟，有貳其德，興兵動衆，明神監之，百殃是降，子孫不育，社稷不守，世世毋敢犯。」（資治通鑑唐紀劉仁軌熊津盟辭）百濟、新羅並將盟辭製成鐵券，封藏於新羅寺廟中。

百濟與新羅熊津結盟後，百濟前太子扶餘隆因懼國人不附，不敢居留百濟，故當劉仁願回師亦隨返長安。唐儀鳳年間，高宗冊封之爲「帶方郡主」，促令歸藩，但此時新羅國勢漸強，扶餘隆又畏新羅尋仇報復，不敢回返故土，客寓高句麗以終。

六　唐高宗平定高句麗

唐高宗既平百濟，遂依其「先滅百濟，後屠高句麗」計劃，於龍朔元年（高句麗寶臧王二十年）乘高句麗「莫離支」泉蓋蘇文之弟淵淨土以城十二、戶七百六十三、口三千五百四十三來獻降之際，令兵部尚書任雅相、行軍大總管蘇定方及契苾何力率領漢、胡兵三十萬，經水陸二道征討高句麗，久攻平壤不下。此時，風雪載道，軍馬作戰困難，唐師於斬獲高句麗兵三萬餘級後，收兵而還。

唐乾封元年（高句麗寶臧王二十五年、西元六六六年），泉蓋蘇文死，長子男生繼任「莫離支」，其弟男建、男產與之爭權。當男生出巡之際，男建等發動政變，男生不備敗走國內城，男建繼爲「莫離支」。繼而男生遣子獻國內城降唐。

泉男建自立「莫離支」後，與掌理軍權的信城（僧人），對唐和戰問題意見相左，信城主張與唐締和，而男建主戰。唐高宗趁高句麗和戰不決之際，於乾封元年九月以李勣爲遼東道行軍大總管，統率劉仁願與新羅文武王軍再征高句麗，並授泉男生爲「遼東大都督兼平壤道安撫大使」，充爲嚮導。同年十二月，唐將龐同喜破高句麗兵，下新城，與高侃等留鎮之，泉男建率師襲擊，唐左武威將軍薛仁貴與泉男生領軍來援龐同喜，擊潰男建兵，再克南蘇（今輝登河上游山城干附近）、木底（今水寄蘇子河之北）與倉巖三城。

唐乾封二年（高句麗寶臧王二十六年、西元六六七年），李勣大會各路軍於鴨綠江濱，向前推進，高句麗軍拒之，爲勣所敗，唐軍進拔十六城，唐將郭待封以水師渡海趨平壤，圍城不能下。唐總章元年（高句麗寶臧王二十七年、西元六六八年）九月，信城因與男建有隙，開平壤城以迎唐軍，寶臧王親至李勣行營請降，男建、男產被俘。

同年十月，李勣凱旋，並俘送寶臧王及男建等往長安，唐高宗授寶臧王爲「司平太常伯」。唐置安東都護府於平壤，以薛仁貴爲督護，統二萬人鎮之。復將高句麗五部、一百七十六城、六十九萬戶，改制爲九都督府、四十二州、一百縣，擢選當地有功酋長分任都督、刺史、縣令，輔以唐人治理。至是高句麗自朱蒙建國以來，凡二十八王，七百零五年亡。唐並將高句麗人三萬，移往中國江淮之地，從事開發。

拾貳　稱雄朝鮮半島的「君子之國」——新羅

一　新羅謹事於唐

新羅當我魏晉之際，統一朝鮮半島南部，至南朝陳文帝天嘉三年（西元一三四六年）滅任那，始逐漸擴張其領土。隋唐之交，新羅頻受高句麗與百濟侵凌，由於新羅善用對唐外交，獲東方共主的唐帝垂青，倖免亡國之禍。

唐高祖統一中國，威震宇寰，新羅即於唐武德四年（西元六二一年）來朝，終高祖之世，歲歲入貢。

唐太宗之世，新羅請改章服中國制；據「資治通鑑唐紀十五」云：「二十二年（唐貞觀二十二年、西元六四八年）癸未，新羅國相金春秋及其子文正入見，春秋——眞德（新羅女王）之弟也。上（唐太宗）以春秋爲『特進』，文正爲『左武衛將軍』。春秋請改章服中國制，內出冬服賜之。」金春秋又請詣國學，學釋典及講論，唐太宗甚悅，因賜以所製溫陽及晉祠碑並新撰晉書。翌年，新羅改服中國衣冠。

唐高宗卽位，新羅對唐執禮尤謹，新羅眞德女王用歌頌的詩句，刺繡在錦緞上，於唐元徽元年（西元六五〇年）獻贈高宗，以博唐帝歡心。而武烈王、文武王更謹事於唐，唐高宗目之爲「君子之國」。故每當新羅因受百濟、高句麗侵略，而請援於唐，唐帝無不爲之聲援，以解其危。

二　新羅文武王擅占百濟高句麗故地與唐衝突

百濟、高句麗在先後不足十年間爲唐所滅，唐置督護府統治其地，新羅以出兵助唐立功甚大，而無所獲，遂致不滿。爲償其伸張勢力宿願，新羅遂於唐總章二年（新羅文武王十年、西元六六九年）一月，擅占百濟故地，唐高宗遣使責之，新羅置之不理。同年六月，高句麗山南大長鉗牟岑收編高句麗殘軍，襲殺唐使，又擁寶臧王外孫安舜爲王，以抗唐室。鉗牟岑因知新羅與唐失和，乃向新羅乞師，新羅文武王使安舜居金馬渚（今益三郡），封之爲「高句麗王」。唐高宗卽派東州道高偘、燕山道李謹行爲行軍總管往討高句麗叛亂，並令寶臧王隨軍展開招撫。同年七月，百濟不服新羅統治，起而對新羅軍作戰，光復數十城，新羅派將軍竹旨反攻，與唐軍戰於石城，獲勝而歸。安東都護薛仁貴函質新羅挑釁，文武王藉口唐分配百濟領土不當。繼於泗沘設州轄治百濟，並擊唐軍，唐徙安東都護府於遼州。

唐高宗以新羅文武王罔顧大義，逞兵挑戰，乃於唐上元元年（新羅文武王十五年、西元六七四年）削其封爵，另立其弟金仁問爲新羅王，復詔劉仁軌爲雞林道大總管、李弼、李謹行副之，破新羅軍於七重城（今積城），但薛仁貴軍則敗於泉城、買肖城。文武王知劉仁軌智勇兼資，非其對手，遂遣使謝罪，唐高宗不咎既往，復其爵位。惟新羅擴張領土之意念，則未嘗稍怠也。

唐儀鳳二年（西元六七七年），吐魯番勢力壯大，唐高宗爲加強中國西北邊防，因將原設於遼州以統治高句麗的安東都護府，內遷東新城（今瀋陽西北），新羅遂於唐永隆元年（西元六八〇年）兼併高句麗故土，奄有朝鮮半島中南部之地矣。

及新羅神文王（政明）即位，復於唐開耀二年（西元六八一年）上表唐高宗，請「唐禮一部並雜文章，則天令所司寫吉凶要禮，並於文館詞林，採其詞涉規戒者，勒成五十卷以賜之」，足見唐對新羅的優厚。

唐高宗逝世之後，皇后武曌專政，稱則天皇帝，改國號爲周。久視元年（西元七〇〇年），武后封高句麗寶臧王之子德武爲「安東都督」，封百濟義慈王之孫扶餘敬爲「釁王」，然此北方之強的高句麗此時雖勉能自立，而百濟領土已爲新羅、渤海（按其地居鴨江之北，本稱粟末靺鞨，高句麗爲唐所滅，其衆多歸之）所瓜分，名存實亡。

拾叁　唐玄宗對新羅的安撫

一　武后亂政稱制

（一）　唐高宗患風眩武后參政

唐永徽五年（西元六五四年），高宗納太宗更衣室才人武氏。武氏山西幷州文水人，父士彠業木材致富，唐武德中出仕，母楊氏爲隋宗室楊達女，信佛而不檢。唐貞觀十一年（西元六三七年），武氏十四歲以貌美被選爲才人，太宗崩，削髮爲尼。三十一歲二度入宮，較高宗年長四歲。

武氏性巧慧多權數，高宗極寵愛，拜爲昭儀。王皇后、蕭淑妃失寵，聯合攻擊武氏。武氏將襁褓中親女扼死，誣指王皇后所爲，高宗擬廢后，長孫無忌、褚遂良持異議，遂良爭執尤烈，韓瑗、來濟亦力諫；禮部尚書許敬宗、中書舍人李義府等則迎合高宗意。最後高宗諮詢李勣，勣曰：「此陛下家務事，何必更問外人？」於是高宗廢后意決，褚遂良被貶逐。唐永徽六年（西元六五五年）十月，王皇后、蕭淑妃以「謀行鴆毒」被廢（繼爲武氏殺害），封武氏爲后。武后與義府、敬宗等相濟爲姦，高宗內牽嬖陰，外劫讒言，於是元老大臣無忌、瑗、濟等相繼貶死，重臣多被排除。唐顯慶元年（西元六五六年）起，高宗患風眩不能視事，政事委武后參決。武后明敏，頗涉文史，治事得宜，高宗寵信益切，武后遂擅權自爲。唐顯慶四年（西元六五九年），遷居東都洛陽。嗣後武后擅作威福，高宗對之不滿，唐麟德元年（西元六六四年），命朝臣上官儀草詔廢武后，但畏懼未行。上官儀爲太子忠僚屬，忠爲高宗後宮所生，於唐永徽二年（西元六五一年）立；唐顯慶元年爲武后所譖廢，改立親子弘爲太子。至是武后命許敬宗誣奏上官儀與忠謀逆，高宗賜忠自盡，儀下獄而死，朝士遭流貶者甚多。此後，高宗上朝，武后垂簾於後。唐上元元年（西元六七四年），高宗稱「天皇」，武后稱「天后」，時號爲「二聖」。

（二）武后亂政稱制

唐上元二年（西元六七五年），太子弘不滿武后所爲，被武后鴆死，更立次子賢。唐永隆元年（西元六八〇年），武后廢賢立三子哲。唐弘道元年（西元六八三年），高宗崩，哲即位，是爲唐中宗。高宗遺詔中書令裴炎輔政，武后臨朝稱制。中宗擬以后父韋玄貞爲侍中，與裴炎生隙，炎訴之武后，武后於唐嗣聖元年（西元六八四年）廢中宗爲廬陵王，立幼子豫王旦，是爲睿宗。睿宗無意政治，武后親決國政，繼殺賢，遷廬陵王於房州（湖北房縣）；引用諸武，姪武承嗣、武三思最受寵信；追封父祖爲王。同年，李敬業（李勣孫）起兵揚州（江蘇江都），以匡復廬陵王爲辭，自稱匡復上將揚州大都督，移檄州縣暴露武后罪狀。武后派李孝逸率兵三十萬討敬業，敬業下潤州（江蘇丹徒），渡江北上迎戰，連敗於淮陰（江蘇淮陰）、高郵（江蘇高郵），敬業爲部屬所殺，餘黨被蕩平。其後，武后爲鎭壓反叛，採用恐怖手段，獎勵告密，用索元禮、周興、來俊臣等酷吏以制異己；裴炎、劉禕之、程務挺等遇害。

唐垂拱四年（西元六八八年），韓王元嘉（高祖子）子黃公譔僞造中宗詔書，命諸王起兵討武后；瑯琊王冲（越王貞子）募兵擊武水（山東聊城西南），越王貞（太宗子）起兵豫州（河南汝南），失敗遇害。唐永昌元年（西元六八九年）、唐天授元年（西元六九〇年）的兩年間，宗室諸王三十餘人被害，或流放於嶺南，諸王親黨被殺數百家，宰相魏玄同、名將黑齒常之等亦遇難。天授元年，武后稱神聖皇帝，改國號「周」，以睿宗爲皇嗣，改姓武。

神功元年（西元六九七年），箕州（山西遼縣）刺史劉思禮爲來俊臣等誣告謀反被殺，牽連被誅者有同平章事李元素、孫元通等三十六家，遭流竄者三千餘人。

武后知人善斷，朝中將相魏元忠、婁師德、狄仁傑等均爲智德之士，武后呼狄仁傑「國老」而不名，屈意採納仁傑建議。時武承嗣、三思均企圖立爲皇嗣，武后亦有傳姪意。仁傑曰：「姑姪與母子孰親？陛下立廬陵王，則千秋萬歲後常享宗廟；三思立，廟不祔姑。」武后因於聖歷元年（西元六九八年）差人至房州迎廬陵王，立爲太子，改封豫王旦爲相王。

狄仁傑薦張柬之、桓彥範等數十人於朝，或曰：「天下桃李盡在公門」，仁傑曰：「吾爲公，非爲私也。」長安四年（西元七〇四年），武后病篤，不臨朝者數月，內供奉張易之、昌宗兄弟（武后內寵）隨侍在側，居中用事。宰相張柬之、崔玄暐等與宮城衛軍李多祚策劃擁中宗復位。神龍元年（西元七〇五年），柬之、玄暐等率羽林兵五百餘人至玄武門，分兵迎中宗；殺張昌宗兄弟，進圍長生殿，脅武后禪位。中宗復位，尊武后爲則天大聖皇帝，遷居上陽宮，唐帝國重光。計武后君臨天下二十二年，稱制六年，稱帝十六年。

(三) 女子干政風盛

唐武后以來，女子干政風盛。中宗懦弱無能，皇后韋氏攬權，唐景龍四年（西元七一〇年），毒弒中宗，立溫王重茂（中宗四子），是爲少帝。韋后以太后臨朝，兄韋溫掌內外軍權，韋氏一門據軍政要津。宗楚克上書請韋后稱帝。先是，太平公主（武后女）與韋后衝突，聯合臨淄王隆基（相王旦三子），在京師密圖推翻韋氏。迨韋后將稱帝，隆基與太平公主等發動政變；宮廷衛軍將校陳玄禮、葛福順均參與。葛福順等率兵奮夜入羽林營，殺諸韋領兵官，宣示起兵目的，士卒欣然聽命。隆基率羽林將士入玄武門，殺韋后、安樂公主（韋后女）等。隆基迎睿宗（相王旦）復位，睿宗立隆基爲太子。

太平公主多權略，有乃母武后風，熱中政治，參決大政，睿宗對之言無不從；其以太子隆基英武，於是在睿宗前屢加讒言，但朝臣竭力爲太子表白，計謀不行。唐太極元年（西元七一二年），睿宗傳位隆基（玄宗）而自爲太上皇。太平公主以太上皇爲後盾，仍專大權，宰相七人中五人出其門下，其與竇懷貞、岑羲、崔湜等密謀廢立。玄宗心腹王琚、張說等勸玄宗早日爲計。唐開元元年（西元七一三年），玄宗與弟岐王範、薛王業、宰相郭元振、宦官高力士等定議，以宮廷衛軍誅太平公主及其黨羽數千人。至是結束自武后以來五十餘年皇后、公主干政之局。

二　唐玄宗即位創「開元盛世」

唐玄宗在位四十三年，初期年號爲開元計二十九年，後改元天寶。開元與天寶初期是貞觀以後的盛世，唐的隆盛達於極點。玄宗留心治道，去弊革訛，賦役寬緩，刑罰淸平，天下豐稔，人民樂業，戶口大增（由太宗朝二千餘萬人增至五千餘萬人），眞是物殷民阜，天下太平。四裔君長渠酋競相款獻，長安繁榮空前。「舊唐書玄宗紀」稱「於斯時也，烽燧不驚，華戎同軌，西蕃君長，越繩橋而競款玉關，北狄渠酋，捐毳幕而爭趨鴈塞，象郡炎州之玩，雞林鯷海之珍，莫不結轍於象胥，駢羅於典屬，膜拜丹墀之下，夷歌立仗之前，可謂冠帶百蠻，車書萬里。天子乃覽雲臺之義，草泥金之札，然後封日觀，禪雲亭，訪道於穆清，怡神於玄牝，與民休息，比屋可封。於是垂髫之倪，皆知禮讓，戴白之老，不識兵戈，虜不敢乘月犯邊，士不敢彎弓報怨，康哉之頌，縊於八紘，所謂世而復仁，見於開元者矣。年踰三紀，可謂太平。」「新唐書食貨志」於天寶五載（西元七四六年）下，言「是時海內富貴，米斗之價錢十三，青齊間斗纔三錢。絹一匹，錢二百。道路列市，具酒食以待行人，店有驛驢，行千里不持尺兵。」杜甫「憶昔詩」則云：「憶昔開元全盛日，小邑猶藏萬家室。稻米流脂粟米白，公私倉廩俱豐實。九州道路無豺虎，遠行不勞吉日出。齊紈魯縞車班班，男耕女桑不相失。宮中聖人奏雲門，天下朋友皆膠漆。百餘年間未災變，叔孫禮樂蕭何律。」可謂盛矣。但唐玄宗於天寶末，志得意滿，流於驕惰，政風日壞，唐天寶十四載（西元七五五年），卒釀安史之亂，唐代盛況始趨沒落。

唐玄宗於開元初擢用姚崇、宋璟（均爲武后生前所拔識）、盧懷慎爲相；崇精吏事，善應變；璟守法持正，敢直諫；愼淸廉儉素。開元後期名相張九齡、韓休等，均以方正儉約著稱。此外，李元紘、杜暹等，均以儉德知名。百官稱職，刑賞無私，上下一心，勤政務本。唐玄宗亦尚節儉，對宮廷及百官服飾器用均有限制，令禁開採珠玉、織造錦繡等。玆介開元政治興革如下：

㈠ 嚴格執行考選——唐初，政治最大缺點是官員過多，蓋除科舉考試外，尙有門蔭、納財、詮選。其後，高宗、武后時官賞過濫；中宗、韋后時正式官員外，有員外官，自京師至諸州共有二千餘人；又有斜封官，凡繳錢三十萬，皇帝別降墨敕，斜封交中書省委一官職。玄宗廢斜封官，但員外官仍多；而由科舉登進及以他途入仕者年有數千人。太宗時京官名額六百四十餘員，玄宗時多達一萬七千六百八十餘員，玄宗因令嚴格執行官吏考選；並常以才識俱優京官外放都督、刺史，績優地方官調至中央任職，以增長行政經驗。

(二) 淘汰佛道——開元初，玄宗採姚崇建議，淘汰僧尼，以僞妄勒令還俗者達一萬二千人。並禁營建寺院、鑄造佛像及寫經等；百官不得與僧尼道士往還。

(三) 復興儒學——中國自魏、晉以來，儒學衰微，唐玄宗令蒐求遺書，選吏撰寫，先後命褚無量、元行冲主其事，費時五年，於唐開元九年（西元七二一年）上羣書四萬八千一百九十六卷。其後，命張說等修五禮，七年而成，定名「開元禮」，儒學賴以重振，對維護中國正統文化厥功甚偉。

(四) 設立十大兵鎮——唐開元九年起，唐室於沿邊陸續設立十大兵鎮。兵鎮長官稱節度使，領軍屯防邊地，統理異族。唐高宗時節度使僅爲特殊名義而非正式官職，迨十大兵鎮成立，節度使成爲正式官職，所轄武力較前代邊將爲大。十大兵鎮設在北邊者八，西邊一，南邊一，共統兵四十八萬六千九百人。時府兵制廢弛，十鎮兵員多招募而來。

由於唐玄宗君臣盡心爲治，百姓富庶，海內大治。東都洛陽米每斗僅十五錢，青、齊等州產米區斗米僅五錢，斗粟三錢。野無餓殍，國無盜賊，「行千里而不齎糧，行萬里而不持兵」。人口遽增，唐開元二十八年，戶八・四一二・八七一，口四八・一四三・六九〇，較貞觀年間約增兩倍。西域大食等八國請降，黑水靺鞨（黑龍江地）、突厥均遣使入貢。自長安西行至唐西鄙凡一萬二千里，沿途閭閻相望，桑麻翳野，政治之隆盛，媲美貞觀、永徽時代，史家稱之「開元之治」。

三　唐玄宗對新羅的安撫

唐玄宗李隆基（睿宗子）即位，新羅勢力已大，唐於開元二十三年（新羅聖德王三十四年、西元七三五年）將灞江、大同江以南之地賜之，唐與新羅以灞江爲國界，新羅聖德王即於翌年獻表拜謝賜地之恩。於是新羅統一朝鮮半島中南部，埋首經營，遂啓朝鮮半島統一之契機。

唐開元二十五年（西元七三七年），新羅聖德王去世，唐玄宗特遣左贊善大夫邢璹往弔，玄宗以新羅人多善奕碁，特以善碁之府兵曹楊季鷹爲副使偕往，俾與新羅朝野賽碁以睦邦交，是知玄宗對新羅之重視與用心也。又當邢璹臨行之際，玄宗復告謂：「新羅爲君子之國，頗知書記，有類中華，以卿學術，善與講論，故選使克此。到彼宜闡揚經典，使知大國儒教。」（舊唐書新羅傳）唐與新羅友善和睦，流露無遺。

其後，新羅歷孝成王、景德王、惠恭王、宣德王、元聖王、昭聖王、哀莊王、憲德王、興德王、僖康王、閔哀王、神武王，以迄文興王之一百零八年間（唐武宗會昌五年止），對唐保持宗主關係，唐與新羅邦交和諧無間。

拾肆　唐代中國文化對新羅高句麗百濟的傳播

一　唐代中國文化與世界文化的交流

唐代，外國文化傳入中國較著者，有曆法、占星術、醫學三種。

㈠ 曆法——印度曆法素稱發達，南北朝時盛行於中國。「舊唐書」西戎傳說：「天竺國有文字，善天文算曆之術。」隋時印度曆法書籍輸入甚多。唐初曆法失修，預測日蝕時有差誤，於是西域天算家和天算書相繼東來。「舊唐書」罽賓國傳說：「開元七年，遣使東朝，進天文經一匣。」

唐高宗時印度人瞿曇羅參預修曆，負盛名。武后時亦詔瞿曇羅撰「光宅曆」。唐玄宗時印度人瞿曇謙以善算著稱，玄宗授以宗正丞，著「大唐甲子元辰曆」。唐開元中玄宗以印度人任太史監，譯「九執曆」，另撰「開元占經」。

㈡ 占星術——唐所用七曜曆與九曜曆，流於占卜吉凶善惡，敦煌石室有「七曜星占書」及「推九曜行年容厄法」。佛典亦有占星記載，如「吉凶時日善惡宿曜經」、「北斗七星護摩經」、「七曜禳災訣」及「佛說北斗七星延命經」等。此外，波斯與大食人時齎其國占星術，唐室上下篤信，李涪「刊誤」說：「賈相國耽撰日月星行曆，推擇吉凶，無不差謬。……賈公好奇而不悟其怪妄也。」可知宰相亦不例外。

㈢ 醫學——印度醫學發達甚早，隨佛教東來傳入中國，惟印度解剖學及醫用化學，未爲中醫採用。印度長生術和長生藥材，亦於唐代輸入，唐人喜談長生術，唐帝多好服食長生不老丹藥，高宗自印度迎盧伽逸多，任爲懷化大將軍，派往各地尋求長生不老藥材。

其他外國文化傳入中土者，有希臘、印度式的雕刻，中印度與波斯的建築術。

唐時胡樂流行，西域舞蹈常與胡樂在宮廷表演，今日玩龍舞獅其伎於唐時傳入中國。西域幻術（魔術）於唐時盛行。唐太宗時西域傳入馬毬爲一健身活動。

然論傳播之廣溥與影響之深至，則遠不足與華夏文物比，除新羅、日本大量吸收中國文化外；渤海亦屢遣學生留唐，其職官地理皆壹本於唐；吐蕃、南詔亦襲華風；遠至大食；自阿拔斯朝之摩哈美德立（九世紀初），亦仿中華建立年號。自餘西域諸地，據近世探險家發現之唐代遺物，有高昌交河縣及柳中縣署調查之戶籍帳，有唐代宗大曆中傑謝（于闐附近）唐官與于闐王之公文，及人民上唐官之訴狀，其時葱嶺以東與唐室關係，殆無異內地。經籍遺文、釋典而外，四部要籍之殘軸零章亦不尠。日人橘瑞超氏西域考古圖譜載論語鄭氏子路篇殘卷，得於中亞細亞，漢書張良傳及史記仲尼弟子傳殘文，得於龜茲附近，皆唐人之寫本。高昌發見壁畫磚誌，其爲唐代遺物者，尤多精美可觀。卽敦煌沙山千佛洞石室，在今甘肅境內，唐時亦爲邊陲之區，徒以地當東西交通孔道，往來行人及住民，時將儒釋典籍圖像，供奉神前，以祈福佑，降至清季，殘餘漢文卷軸，猶數盈巨萬，歐陸名都中古遺存之圖籍，未能或之先也。中華文物之傳播，至唐可謂極盛矣。（繆鳳林中國通史要略）

二　新羅的華化

新羅當唐代開國之際，即積極吸收中國文化，迨唐玄宗時，新羅聖德王奄有朝鮮半島中南部地，已成爲一中國式的國家。茲列擧其華化之大要：

(一)　奉唐朔，用謚法

新羅自建國以來，其國君多稱「居西干」、「次次雄」、「尼斯今」，直至二十五代之眞智王在位時，始改稱新羅國王，而國王死後追贈謚法，亦自眞智王始。新羅奉唐正朔，始於唐高宗永徽元年(西元六五〇年)，眞德女王行永徽年號。

(二)　設立國學

新羅神武王於唐高宗永淳元年(西元六八二年)仿唐教育制度設立國學，教授周易、尙書、毛詩、禮記、論語、孝經、春秋、左傳、文選等。景德王又於唐玄宗天寶六年(西元七四七年)，設立博士助教。

(三)　制定官職

新羅眞平王仿唐尙書省，設立執事省，以侍中主其事，所轄使和府、倉部、禮部、兵部、理方府、例作府；一如唐尙書省所轄吏、戶、禮、兵、刑、工六部相同，新羅官制乃告完備。景德王復於唐肅宗至德二年(西元七五七年)，將全國州郡縣仿唐制而更名。

(四)　建立考選制度

新羅元聖王於唐德宗貞元四年（西元七八八年），仿唐考試制度，設「讀書出身科」，以孝經、禮記、傳傳、文選爲應試科目。但對博通五經、諸子、百家的碩學之士，政府亦破格延攬。

（五）仿漢字創「吏道」

新羅神文王時代，新羅人薛聰於武后永昌二年（西元六九〇年），假漢字寫新羅言語，而作「吏道」（一作吏讀），爲新羅文化一輝煌創舉。由於「吏道」的創行，中國學術在新羅更易普及。已不僅限於新羅特殊階級所享有矣。

因「吏道」的發明，隨之書寫文字不可或缺的墨，亦在新羅大量生產。據日人在朝鮮半島新羅舊壞，所掘出土的新羅墨，其型式與製法近似唐墨，現保存於日本正倉院。

（六）獎勵青年留唐學習

唐初，新羅政府爲培植人才，主動的經常派選青年子弟入唐求學，留學風氣之盛，幾乎前批留學生甫抵國門，後批學生已踵至長安。以唐文宗開成五年（西元八四〇年）爲例，新羅留學生自唐學成回國者，一次即達一百零五人之多。新羅政府因以中國學術爲考選人才之本，故民間子弟爲求任仕，亦多自動入唐求學。唐室對新羅留學生頗予優待，特許參與考試，如獲及第，亦授以官職，此舉對新羅留唐學生予莫大鼓勵；比如新羅留學生崔彥撝、崔匡裕、崔致遠、金可紀等均因參與考試，名列前茅而享譽於新羅的知名之士。崔致遠於唐僖宗乾符年間成進士，繼膺淮南節度副使高駢的「掌書檄」，直至唐僖宗中和四年（西元八八四年）歸返新羅。

（七）新羅喜愛中國書法詩文

新羅書法家向慕晉人王羲之書法，羲之爲東晉元帝名相王導從子，官至右軍將軍，世稱王右軍，「臨池學書，池水爲黑」，草隸冠絕古今。新羅人對唐太宗書法亦竭力搜求，唐太宗嗜羲之書帖，所書晉祠銘，以帖意施之巨碑，縱橫自如，是爲以行書寫碑之始。新羅人多尊敬蕭穎士，據「舊唐書蕭穎士傳」稱：「新羅使入朝，言國人願得蕭夫子爲師」。按蕭穎士爲唐開元進士，精通籀學。新羅人除愛慕中國書法，對唐文學家作品，如白居易的詩（字樂天，以刑部尚書致仕，詩平易近人，與元稹齊名，時稱元白，歸隱居香山，與詩僧如滿結香火社），亦極愛好，新羅賈人攜之回國，善價而沽，證之元稹（字微之，與白居易交最厚，所爲詩，嬪妃爭習皆誦之，宮中呼爲元才子，官至同中書門下平章事）序白居易「長慶集」云：「雞林（指新羅）賈人求市頗切，自云本國宰相每以百金換一篇，其甚僞者，宰相輒能辨別之。」足見新羅朝野嫻於唐人詩教。

新羅游處之士，率多文行善詩，當其歸國之際，唐人詩家喜賦詩贈之，茲錄三首以供欣賞。

顧非熊送朴處士歸新羅詩：

「少年離本國，今去已成翁。客夢孤舟裏，鄉山積雨中。鼇沈崩巨岸，龍門出遙空。學得中華語，將歸誰與同。」（顧非熊詩集）

許琳送客歸新羅詩：

「君家滄海外，一別見何因。風土雖知教，程途自致貧。漫天波色晚，橫笛鳥行春。明發千檣下，應無更遠人。」（許琳詩集）

張喬送僧雅覺歸東海詩：

「山川心地內，一念卽千重。老別關中寺，禪歸海外峯。鳥行來有路，帆影去無蹤。幾夜波濤息，先聞本國鐘。」

至唐出使新羅使節，其學行多屬中朝一時之選，顯示唐帝對新羅邦交之重視。每當使臣赴任之時，當代名家亦有贈行之詩，錄其三首，以供欣賞。

駱賓王送鄭少府入遼詩：

「邊烽警榆塞，俠客渡桑乾。柳葉開銀鏑，桃花照玉鞍。滿目臨弓影，連星入劍端。不學燕丹客，空歌易水寒。」（駱賓王集）

劉禹錫送源中丞（寂）充新羅册立詩

「相門才子稱華簪，持節東行捧德音，官帶霜威辭鳳闕，口傳天語到雞林。煙開鼇背千尋碧，日落鯨波萬頃金。想見扶桑受恩後，一時西拜盡傾心。」（劉夢得文集）

按源寂於唐文宗太和五年（西元八三一年）出使新羅。

曹松送胡中丞使日東詩

「辭天理玉簪，指日使雞林。猶有中華戀，方同積浪深。張帆度鯨口，銜命見臣心。渥澤遐宣後，歸期抵萬金。」（曹松詩集）

按唐時稱新羅爲日東。

上述唐人贈行詩中，皆以渡海爲言者，蓋陸路山川險阻而又通塞不常，故唐與新羅交通多經海道；自朝鮮半島渡海至浿江口，沿遼東半島橫斷渤海灣口以抵山東萊州。

（八）模造唐渾天儀研究天象

唐太宗貞觀七年（西元六三三年），李淳風太史創製渾天儀研究天象。唐貞觀二十二年（西元六四八年），新羅眞德女王飭技師模造唐渾天儀而建瞻星臺，該臺位於慶尚北道北慶州，高三十尺七寸，直徑；上部十尺六寸，其南面有方三尺四寸之開口，以花崗石爲之，內部空虛，由中昇降，以測天文。上部井桁之上，有如屋形（參考東洋藝術資料）。

（九）採用中國曆法

新羅使者於唐高宗上元二年（西元六七五年），自唐返國，將中國曆法傳入彼邦，文武王通令全國一致採用。

（十）中國醫學傳入新羅

新羅於唐武后長壽元年（西元六九二年），置醫學博士二人，傳中國醫學「素問」、「本草」、「難經」、「針經」、「脈經」、「甲乙經」、「明堂經」。其後，新羅精研中國醫學，甚有成就。清代，朝鮮人所著「東醫寶鑑」，集中國醫學之大成，深獲我國中醫學界重視。

（十一）中國典型的新羅習俗

新羅是辰韓（秦韓）的後裔，其習俗早於辰韓時代，多有承襲中國。據「北史新羅傳」載：「其言語名物，有似中國人。……其文字甲兵同於中國。……新婦之夕，女先拜舅姑，次卽拜大兄；夫死，有棺殮葬送，起墳陵。」「舊唐書」云：「其食器用柳栢，亦以銅及瓦……重元日相慶祝燕饗。……」按新婦拜舅姑、大兄，這是中國古禮。食器用柳栢，係中國舊制，而柳栢乃以柳條屈圈製成的食器；

「孟子」：「猶以杞柳為桮棬」。「禮記」：「毋歿而桮棬不能飲焉」。是知柳桮久已行之於中國古代，今猶通用於河北、山東一帶。

三　新羅佛教高僧對中國文物的傳播

新羅自法興王遣使南朝求佛以來，崇佛風氣瀰蔓全國。眞興王時，新羅伐高句麗，獲法師惠亮歸，奉之為僧統。南陳文帝繼於天嘉六年（西元五六五年），派使臣劉思與釋明觀載送佛經論一千七百餘卷至新羅（參考三國遺事），佛教遂在新羅日趨昌盛。及釋圓光自隋回國，新羅人仰若聖人，圓光乘機敷教，佛教經義深植新羅人心。唐初，圓光弟子圓安來唐求佛，初居京寺，特進蕭瑀奏請改居藍田津梁寺。繼之新羅高僧慈藏西遊中土，唐貞觀十七年（西元六四三年）東歸，為大國統，大興佛法。而新羅之服中華衣冠，奉唐正朔，亦係慈藏所啓導，故「續高僧傳慈藏傳」云：「嘗以邦國服章不同諸夏，舉議於朝，簽允曰臧。乃以眞德王三年己酉（唐貞觀二十三年、西元六四九年），始服中朝衣冠。明年庚戌，又奉正朔，始行永徽號。自後每有朝覲列在上蕃，藏之功也。」是知慈藏不僅致力中國文化傳播，卓有成就，且為新羅親唐外交之功臣。

唐代宗建中元年（西元七八〇年），新羅將自印的佛經及金銀佛像，贈送唐代宗。及唐德宗貞元十八年（西元八〇二年），新羅創建伽倻山海印寺，其結構類若唐寺。唐武宗會昌五年（西元八四五年），新羅高僧無染自唐東歸，舉國遵仰，奉為國師。自此佛教成為新羅國教，佛學與儒學相互支配新羅人的精神思想。

四　新羅僧徒入唐學佛與新羅佛教的興隆

唐代新羅留唐學佛者，蔚爲風尙，遂致新羅佛教大盛。

中國佛教十宗，唐時最盛行者莫過於教下三家之法相宗（唯識）、天臺宗（法華）、華嚴宗與教外別傳之禪宗。此四宗者皆大乘妙諦。法相宗傳自印度，餘皆中國人所新創者。（禪宗雖祖達摩，然教義成立與發揮皆爲本國人之功績）。唐代佛學界之人才亦悉聚於四宗。法相宗由玄奘傳入中國，盛行於唐高宗、武后之世；其後轉衰。華嚴宗與法相宗同時並盛，亦同時中衰。唐中葉以後，華嚴宗旨更與禪宗融合。故唐中葉以後，中國佛教之盛首推禪宗，次則天臺。新羅留唐學佛者亦循此風尙而趨捨，故新羅本土佛教各宗之盛衰，蓋亦與唐土相應焉。

新羅僧徒久居中國者頗多，政府爲便利管理計，亦編諸籍。「會要卷」：「新羅日本僧入朝學問九年不還者，編諸籍。」

新羅僧徒留唐時間雖久，然終歸本國者亦占多數。新羅國人既傾慕唐風，其時中國佛教正盛，自亦爲新羅朝野人士所嚮往，所追模，故對於在唐留學僧之返國者，極爲尊仰，往往崇爲國師，奉若神明。是以留唐學僧之返國，對於新羅佛教，不但隨時增加新血輪，抑且永遠居於領導之地位，刺激其發展。於是新羅本國佛教之興隆與西泛留學之風尙，互爲因果，互相促成。至唐末五代，朝野崇佛之盛蓋有過於中華。高麗王王建訓要十首，其第一首卽云：「吾國家大業，必資諸佛護衛之力，故創禪教寺院。」（全唐文卷）。其奉佛之誠，時風之盛，可知矣。

五　新羅精神——「花郎魂」

當朝鮮半島「三國分立」時代，新羅是三國中的弱小國家，歷眞興王、眞智王、眞平王、善德女王、眞德女王、武烈王諸朝，新羅侷促半島南隅，北遭高句麗侵襲，西受百濟凌逼，成爲高句麗與百濟二強蠶食的對象。終以新羅善用對唐外交，而免亡國之禍。但新羅在文武王時代，發揚國威，拓展領土，稱雄朝鮮半島，實歸功於其忠君愛國，臨陣勿退的忠勇奮鬭精神所致。

世界各國莫不有其立國精神，中國的「忠、孝、仁、愛、信、義、和、平」，是儒家精神；英、法的「竭忠節、守禮讓、尙仁俠、敬重婦女、臨敵勇戰」，是騎士精神；日本的「勵忠節、尊名譽」與「簡易、樸實、堅實、廉恥」，是武士道精神，而新羅立國精神是「花郎魂」，是中國儒家學說與佛教思想的結晶。新羅高僧釋圓光則爲「花郎魂」的啓示者。

釋圓光，俗姓朴，「神器恢廓，愛染篇章，校獵玄儒，討讎子史，文華騰翥於韓服，博贍猶愧於中原。」（續高僧傳圓光傳）當南梁敬帝太平元年（西元五五六年），圓光時年二十五，「乘舶造於金陵，有陳之世，號稱文國，故得諮考先擬，詢猷了義。及聞釋宗，反同腐芥，乃上陳主，請歸道法，有敕許焉。之後，遊歷講肆，領牒微言，得成實涅槃，蘊括心府，三藏敎論，徧得搜尋。末又投之吳之虎丘山，遂有終焉之慮。但信士堅請光出講，創通成論，末講般若，皆思解俊徹，喜問飛移，每法輪一轉，輒傾注江湖。名望橫流，播於嶺表。會隋后御守，南國歷窮。開皇九年（西元五八九年），來游帝宇（按陳都金陵，隋都長安），又馳慧解，宣譽京皐。本國遠聞，上啓頻請，有敕厚加

勞問，故歸桑梓。」（圓光傳）

圓光自隋歸返新羅，新羅上下奉若聖人，圓光敷訓其國人慎守五戒：「事君以忠，事親以孝，交友以信，臨陣勿退，愼於殺生」。此「世俗五戒」對新羅當年，政教人心影響甚大。眞平王時，貴山、箒山因得圓光之教，而死於節，其訓有補世道人心，可窺一二。

新羅青年子弟因服膺「世俗五戒」，當彼輩接受嚴格訓練時期，精神蓬勃，如花盛開，因有「花郎」（新羅武士）之稱，「花郎魂」遂成爲新羅戰士殉生爲國無上榮譽。新羅史上赫赫有名的統一大業功臣金庾信（他率領新羅軍與唐軍並肩對高句麗、百濟作戰，進而開拓新羅版圖）卽是「花郎」的傑出人物。

六　高句麗的華化

高句麗種出夫餘，故「魏書」云：「言語諸事多與夫餘同。」高句麗人的厚葬及墓前植松柏的風俗，承襲中國。如「金銀財幣，盡於厚葬，積石爲封，亦種松柏。」至其「大加主簿皆著幘」，「小加著折風，形如弁」（後漢書）亦採自中國。按幘爲中國古代韜髮之巾；弁爲中國古代冠名。「公羊傳」注：「古吉禮之服用冕，通常禮服則用弁，狀如兩手相合抃是，故名……有皮弁、爵弁之分，皮弁武冠、爵弁文官。」

「舊唐書高（句）麗傳」說：「高（句）麗者，出自夫餘之別種也。……國人衣褐戴弁，婦人頭加巾幗，好圍棊、投壺之戲，人能蹴鞠，食用籩豆、簠簋、罇俎、罍、洗，頗有箕子之遺風。……種田養蠶，略同中國。……俗愛書籍，至於衡門厠養之家，各於街衢造大屋，謂之扃堂，子弟未婚之前，晝夜於此讀書、習射；其書有五經及史記、漢書、范曄後漢書、三國志、孫盛晉春秋、玉篇、字統、字林，又有文選，尤愛重之。……」

弁與巾幗固爲中國服飾，蹴鞠即蹋毬之戲，亦盛行於唐；食器中之籩豆，爲中國古祭祀燕享用以盛果實脩脯者，「周禮」有「籩人：掌籩豆事」；簠簋爲古祭祀燕享盛稻穀之器；罇俎、罍，皆爲古代酒器；洗爲古代盥洗之器，俱爲周代遺風。至於造大屋設學堂，愛好書籍，允爲嚮慕中國文化的明證。

七　百濟深染華俗

百濟自古以來深受中國文化習俗的感染，「北史百濟傳」云：「百濟之國，蓋馬韓之屬也。……其飲食衣服與高(句)麗略同。……又知醫藥、蓍龜與相術、陰陽五行。法有僧尼，多寺塔，無道士。有鼓角、箜篌、竽、箎、笛之樂；投壺、摴蒱、弄珠、握槊等雜戲，尤尚奕棊。行宋元嘉曆，以建寅月爲歲首，賦稅以布絹絲麻及米等。……婚娶之禮，略同華俗。父母及夫死者，三年居喪。……」「舊唐書百濟傳」亦有「庶人不得衣緋紫，歲時伏臘同於中國，其書籍有五經子史。……」可知百濟的醫藥、樂器、雜戲等習俗皆傳自中國。居喪三年，正是中國古禮。惟投壺、雜戲，則傳自南北朝。投壺，爲中國古代賓主燕飲娛樂以試勝負之戲，「禮記」有投壺篇，其後演變爲博戲；摴蒱是賭博；弄珠之戲，蓋即弄丸，興之於楚莊王時；握槊亦爲博戲；奕棋在南北朝時也成變相之賭博。

佛教經印度、西域傳入中國而光大，道教則是中國思想的結晶，前者是外來的思想，後者是國人的創見。

八　道教的創立與東傳高句麗

道教創始人是東漢的張道陵，爲張良之九世孫，生於光武帝建武十年（西元三十四年）。初遊太學，博通五經。晚年，習長生之道，得「金丹」，入鵠鳴山。自稱受老子秘籙，擅符水、禁咒、錬丹之術。著「道書」二十篇，因崇道家李老、黃老之術，遂成宗教。陵死，子衡，孫魯傳其道業。魯據漢中（陝西南鄭），乘東漢末年天下大亂，以「鬼道」教民，自號師君（道陵號天師，衡號嗣師），一時趨附者甚衆，隨其學道者，稱「鬼卒」。其中最著者是太平道首領張角。此後，張魯據巴蜀、漢中近三十年。及張盛（魯子）時，始自鵠鳴山遷江西龍虎山（江西貴溪），世世相傳，以劍印及功都籙爲徵物，受朝廷封號，世稱「天師」。傳道時，例收門徒米五斗，因號「五斗米道」。

古代中國，政教合一，著述不出私門。周室東遷，學散四方，私人講學風盛，諸子百家學說如日月爭輝。而影響中國學術思想最大、貢獻最鉅者，無過於儒家、道家與墨家，成爲中國學術思想上三大主流。

道家之祖老子——李耳，字聃，楚人（今河南歸德），官居周守藏室史。周衰，李耳出函谷關，著道德經（卽「老子」）五千言，指斥「誦法先王」、「表彰仁智」，力主「含容退讓」、「淸虛自守」，而最終目的在「無爲而治」。李耳以「無爲」是「自然之道」，「有爲」是「衆人之道」，唯無爲乃能有所不爲。

道教崇尚道家的「自然之道」，而由「無爲」的意境，所產生蘊有神仙學說的思想，對人生的見解是「尊天而保眞」，「賤物而貴身」（身指精神），形成一種出世思想。據「莊子逍遙篇」云：「藐姑射之山，有神人居焉，肌膚若冰雪，淖約若處子，不食五穀，吸風飲露，乘雲氣，御飛龍，而游乎四海之外。」這是神仙行徑，非一般常人所能爲。於是道教徒利用老、莊之學，作爲安慰心靈的工具。

道教在東漢末年，以「與時匡流，應物變化，應俗施事，無所不宜爲務」，爲其主張，甚受朝野重視。

三國時代，學者崇信老、莊之學日衆。魏末，葛洪稱得仙術，著「抱朴子」，暢言養生之術與丹經之方，時賢名流亦多倡導，道教經典因而完備，內容之廣，幾集黃帝、老子、莊子的玄言與鬼道、數術之大成。

晉代，道教徒因抗拒名僧法顯傳佛，大量吸收信徒，黃老之術風靡一時；如王弼註釋「易經」，向秀註釋「莊子」，均爲時人所重。而文學作品亦染有深厚的黃老色彩；稽康的「養生論」，陶潛的「歸去來辭」，劉伶的「酒德頌」以及王羲之的「蘭亭集序」等作品，均爲明證。尤其甚者，因老、莊學說演化而爲淸談，以「樂天知命」、「放蕩形骸」爲務，對名利棄之如糞土，視禮教有若枷鎖。

道教的「天師」，在晉代士大夫觀念上，具有崇高地位，而王室貴族如趙王倫、瑯琊王氏均虔誠信道。道教徒因勢利導，遂使道教昌行全國。惟道教經籙不無剽竊佛教經義，因之佛道之爭在兩晉時代即時有發生，其後，歷代亦有爭執。

南北朝時代，道教在南朝遠較佛教遜色，梁、陳二朝雖具道教規模，但南朝君主仍崇佛最勤。而道教在北魏則居上風，魏太武帝在位之二十二年，信道士寇謙之議，禁佛教。二十四年，悉誅僧尼，燬佛經、佛像、寺、塔，魏太武帝以身崇道，親往道壇領受符籙，道教遂成爲北魏國教。其後，北魏新君登位，均至道壇祈福，北齊代魏而興，道教失勢，僅文襄帝與道士尚有往來。及北周之世，孝武帝滅佛禁道，令沙門、道士一律還俗。

與道術有密切關係的卜筮及相術，在南北朝時代頗爲盛行。按卜筮類如今日算卦，梁元帝每以其決斷軍國大事，例如梁承聖三年（西元五五四年），西魏（按梁武帝時北魏分東西魏）來犯江陵（元帝卽位在江陵），元帝以卜筮預測勝負（按江陵城破，元帝出降被殺，卜筮所示不悉）；又如北齊高洋謀篡，使李密卜之大吉，因而行事，篡東魏而立，是爲文宣帝。由於人君迷信卜筮，朝臣亦多以之問修咎。禍福成敗有自，固非卜筮先決，但對當事人心理影響殊大。相術可分二類：一是相外形，卽觀察五官部位、氣色，以定終生禍福修咎；二是摸骨相，卽按摸身體骨骼，以斷吉凶。此外，又有聲相、器物相。至推命、借籌，雖事近妄誕，然亦盛行南北朝時代。

隋代，文帝虔奉佛法，佛教繼興，道教受挫。

唐初，儒、佛、道三教爭執劇烈，交相攻訐。唐高祖李淵爲緩和三教之爭，致有分召三家講經之舉。惟李唐與道家之祖有同姓之雅，爲鞏固其統治權，特將李耳神仙化，道德經經典化。道教研食丹藥，追求長生之術，唐帝多崇道教，唐高祖尊老子爲國祖，建老子廟。

高句麗榮留王爲逢迎唐高祖崇道心理，一再遣使入唐，請取道教經義，唐高祖乃於武德三年（西元六二〇年）遣道士前往平壤講解「老子」，榮留王親率國人聽道，日數千人。此爲道教傳入朝鮮半島之始。

唐太宗之世，高句麗榮留王續遣使臣向唐迎求道教經典，太宗以「道德經」，天尊像贈之，並遣道士前往平壤設壇講道，自是道教在高句麗日趨昌行。

唐高宗嗣位，對道教特加重視，唐乾封元年（西元六六六年），尊李耳爲「太上玄元皇帝」，以道士隸正宗寺，班在諸王之次，復令王公大臣研習「道德經」；唐中宗詔諸州治道觀，舉道士爲官；唐睿宗以二公主爲女冠；唐玄宗令士庶之家藏「道德經」，東西兩京及諸州建玄元廟，並置崇玄學，以「道德經」爲羣經之首，令學生勤習以應貢舉。兩京崇玄學置博士助教及學生一百人，設崇文館，注「道德經」，公卿吏民爭相奏疏符瑞神異事，宰相李林甫亦捨宅爲觀；據「唐六典」載，禮部所掌道觀達一千六百八十七所。其後，唐武宗更崇道教，深惡佛法，寵道士趙歸眞，歸眞力勸武宗罷黜佛教。唐會昌五年（西元八四五年）七月，詔毀天下佛寺，勒令僧尼還俗，財貨田產沒收入官，以寺塔廢材修葺公廨驛舍，用銅像鐘磬鑄錢。共毀佛寺四千六百餘所，招提與蘭若四萬餘所，沒收良田數千萬頃，奴婢十五萬餘人，還俗僧尼二十六萬五百人。此爲佛教傳入中國以來第三次大刧，佛家稱之「會昌法難」。爲道教的極盛時期，此時，高句麗舊壤早爲新羅所併，新羅信佛法，已成一佛教國家。

九　唐客卿高句麗人高仙芝的功業

唐玄宗天寶年間，唐客卿安西副都護、四鎭都知兵馬副使——高句麗籍的高仙芝征服小勃律（今西土耳其斯坦幾力幾時），並與大食帝國（阿拉伯）爭奪中亞細亞（今西土耳其斯坦）霸權，唐玄宗的重用仙芝，授以兵馬大權，與仙芝對唐效忠，誠爲中韓兩國忠信交流的實證。

高仙芝父命舍雞，初供職於河西軍（唐河西節度使駐鎭涼州，今甘肅武威），積功陞任安西四鎭將校。仙芝自幼隨父在安西任所，及長，「美姿容，善騎射」，「勇決驍果，明敏有度量」。年二十餘，任將軍，與父同班秩。（參考新唐書高仙芝傳）

唐玄宗天寶四載（西元七四五年）（按玄宗天寶三年正月朔，改年爲載），夫蒙靈詧（按通鑑謂夫蒙本西羌姓。新舊唐書則作馬靈詧）繼任安西節度使，賞識仙芝才，累拔擢之；任爲安西副都護、四鎭都知兵馬使。

初，吐番嘗告小勃律王謂：「我非謀爾國，特欲假道爾國，以攻唐之四鎭耳。」（通鑑）。唐玄宗開元十年（西元七二二年），吐番進兵圍小勃律，奪其九城，小勃律王沒謹求救於唐。唐北庭節度使張嵩乃遣疏勒副使張思禮率銳兵四千，倍道往援，因共出兵大破吐番，殺其衆數萬，復得九城，小勃律因臣屬於唐。三傳至國王蘇失利，重受吐番引誘，娶吐番公主，與西北二十餘國，皆臣於吐番，對唐供獻不入（通鑑）。唐安西節度使三討三敗，自此，唐號令不行於葱嶺以西。

唐天寶六載（西元七四七年），玄宗派高仙芝爲行營節度使，率騎兵萬餘人，大舉討伐小勃律。

據「新唐書西域傳」所載，小勃律的位置是：小勃律國，去京師（長安）九千里而贏；東方少南距吐番贊普（可汗）牙帳三千里；西去烏萇八百里；東南去大勃律三百里，南去箇失蜜（今喀什蜜爾）五百里；北五百里當護密的娑勒城。

高仙芝率軍冒險深入，進攻小勃律國都孽多城（幾力幾時 Gilghit），小勃律兵依山拒戰，礮、櫑如雨。仙芝以郎將高陵、李嗣業任左右陌刀（即長刀）將，令之曰：「不及日中，決須破虜」。嗣業執一旗，引陌刀隊緣險先登，力戰猛進，自辰至巳，大破敵兵，斬首五千級，捕虜千餘人，餘皆逃散。得馬千餘匹，軍器無數。孽多城攻破後，仙芝軍斫斷藤橋（距小勃律國都六十里），阻吐番援兵，吐番兵因橋斷難渡，不得已退師。同年九月，高仙芝凱旋，俘小勃律王蘇失利及吐番公主。

唐破小勃律後，西域大國拂森（東羅馬）、大食及諸胡七十二小國震於唐威，皆降服於唐。

同年十二月，玄宗嘉高仙芝功，命繼夫蒙靈詧爲安西節度使，鎮守西域邊防。

唐天寶九載（西元七五〇年）二月，高仙芝出兵破朅師，虜其王勃特沒。

天寶十載（西元七五一年），高仙芝遠征石國（今俄國塔什干一帶，爲西土耳其斯坦大城，現爲蘇俄附庸烏孜別克共和聯邦首都），而與新興的大食帝國決戰於怛羅斯城。按石國民性善戰，地多良馬，隋煬帝大業三年至十二年（西元六〇五至六一六年）受制於突厥；唐興，石國朝貢於唐。唐開元元年（西元七一三年），玄宗因其恭謹，封其君莫賀吐咄屯爲石國王。唐開元二十八年（西元七四〇年），冊封爲順義王。唐開元二十九年（西元七四一年），石國王上表玄宗謂：「今突厥已屬天可汗（指唐玄宗），惟大食爲諸國患，請討之。」（新唐書石國傳），玄宗未納。唐天寶元年（西元七四二年），玄宗封石國王子那俱車鼻施爲懷化王，賜鐵券。其後，石國失禮，安西節度使高仙芝劾之，請討，石國王約降，仙芝遣使者護送至長安開遠門，俘以獻，斬闕下，於是西域諸國以唐失信皆怨之。石國王子遠思走大食乞兵，大食起兵援之，與高仙芝軍交戰於怛羅斯城，仙芝軍敗（參考新唐書石國傳）。惟中國造紙術，則隨高仙芝西傳入阿拉伯而歐洲。

同年，玄宗改仙芝爲河西節度使，旋授右羽林軍大將軍。

唐天寶十四載（西元七五五年），玄宗封高仙芝爲密靈郡公，寵信有加。

先是，平盧、范陽、河東三鎭節度使安祿山（營州柳城雜胡），以當時唐政廢弛，早蓄謀逆，尋與楊國忠有隙，遂於天寶十四載十一月自范陽（今北平）舉兵反唐。發所養「曳落河」（胡語稱壯士）八千餘人，及所部與同羅、奚、契丹、室韋等部族號稱二十萬，南下直取兩京（長安、洛陽）。唐自高祖武德元年以降，承平日久，武備墮弛，百姓累世不知兵革約一百三十七年（西元六一八年至七五五年），猝聞安祿山稱兵叛亂，舉國惶惶，所過州縣，望風瓦解。唐玄宗派人緊急分道詣東京（今洛陽）、河東（今山西太原）等地募兵擊賊。復急召邊將入衞，安西節度使封常淸入朝，玄宗授以范陽、平盧節度使。卽日離長安至洛陽募兵，旬日得六萬人。又命京兆牧榮王李琬爲討賊元帥、高仙芝以右金吾大將軍爲副元帥統軍討賊。朝廷復出內府銀於長安募兵，旬日亦得十一萬人。然兩地所募之兵，皆市井子弟，未受訓練，亦無作戰經驗。封常淸軍初與安祿山叛軍戰於虎牢（今河南汜水西北），叛軍以鐵騎蹂之，官軍大敗，常淸集合餘衆，陣於葵園（今汜水西），叛軍先驅至，常淸軍殺羯胡百餘人。未幾，叛軍大至，常淸軍敗，再戰於洛陽上東門，又敗。

同年十二月，東京失陷，賊縱兵焚掠。常清轉戰於都亭驛，連戰連敗，乃向苑西西走至陝郡（今河南陝縣），吏民皆散走。常清因謂高仙芝曰：「連日血戰，賊鋒實銳不可當。今潼關無兵，若犯寇奔突入關，則京師危矣！宜棄陝，急保潼。」（舊唐書高仙芝傳）。仙芝至潼關，繕守具，迨叛軍騎兵至，關上早已有備，遂不得入。中使邊令誠上奏玄宗謂：「常清數敗，仙芝不戰，棄陝地數百里，實屬負國。」玄宗大怒，即遣邊令誠齎敕，於軍中斬仙芝，常清。常清刑前上遺表云：「臣死之後，望陛下不輕此賊（指安祿山），無忘臣言，則社稷庶可復安，逆胡可覩敗覆，所願畢矣！」（舊唐書封常清傳）

司馬光的「通鑑唐紀」，對封常清不主守陝而令高仙芝堅守潼關，認為符合作戰機宜：「是時朝廷徵兵諸道，皆未即至，關中恟懼。會仙芝備潼關，祿山至東京，停留不得進，方謀稱帝。故朝廷因得為之備，兵亦稍集。」「舊唐書高仙芝傳」亦云：「賊至關，見有備，不能攻而去，仙芝之力也。」足證封常清戰略得宜；誠如姚從吾所云：「安祿山若於天寶十四載十二月一日直衝入潼關，怕肅宗、玄宗連逃走靈武的機會都沒有了！」姚氏繼云：「後來哥舒翰仍以未能固守潼關而兵潰長安。更可使我們知道封常清、高仙芝避銳與守堅戰略的重要性。」高仙芝的「楚才晉用」，盡忠唐室，這是中韓忠信交流的表徵，而中國造紙技術因高仙芝之遠征怛羅斯而經由阿拉伯傳入歐洲，這是世界史上的大事，對歐洲文化的發展貢獻至鉅。高仙芝屈死於玄宗的誤會，但後世史家為之剖白，著論稱其功績，亦稍慰仙芝與常清之屈死也。（附按高仙芝在西域戰功與中國造紙技術輸入歐洲經過，姚從吾的「唐客卿高仙芝遠征怛羅斯與中國造紙術的西入歐洲」一文，可資參考。）

附按：安祿山於唐肅宗（玄宗子，名亨即位靈武。其時玄宗避難入蜀）至德元年（西元七五六年）稱帝，國號燕。唐至德二年（西元七五七年），祿山爲子慶緒所殺，朔方節度使郭子儀收復兩京。未久，賊將史思明殺慶緒，再陷東京。其後，思明爲子朝義所殺，賊勢稍挫。及代宗李豫即位，李光弼於唐廣德元年（西元七六三年）破史朝義，賊亂始平，歷玄宗、肅宗、代宗三代，前後凡九年，史稱「安史之亂」。唐自安史亂後，國家元氣因而大傷。

唐代，高句麗籍人來華服務，除高仙芝名揚中國外，其他著名人物，尚有王毛仲（監牧使霍國公）、王思禮（司空、河北節度使）、李正巳（平盧節度使）、李納（李正巳之子，承襲平盧節度使），甚至與唐敵對的泉蓋蘇文之子泉男生，亦由唐授予右衛大將軍六國公。由於唐室重用高句麗人，足證當年唐與高句麗雖時有兵爭，但民族間的歧視，是不存在的，這是中韓關係史上值得稱道的。

十　高句麗喜愛歐陽詢書法

唐初書家首推歐陽詢，書碑多本隸法，磨崖巨室，照耀區夏，洵得北碑正傳。如「舊唐書歐陽詢傳」稱「高句麗甚重其書，嘗遣使求之。」

十一　唐代盛行高句麗百濟音樂

唐世盛行外族音樂，「新唐書禮樂志」載「唐東夷樂有高(句)麗、百濟，北狄有鮮卑、吐谷渾、部落稽，南蠻有扶南、天竺、南詔、驃國，西戎有高昌、龜茲、疏勒、康國、安國，凡十四國之樂。」

拾伍　唐代高句麗新羅的移民中國

一　世界人口移動的原因

世界史上人口的移動，不外基於社會、政治、經濟、戰爭、貿易諸原因，唐代高句麗移民中國，屬於戰爭原因，新羅移民中國屬於貿易原因，玆分別介紹如次。

二　社會原因

人類生聚如蜜蜂營窠羣聚，一旦繁殖超過一定限度，自然產生向外發展的慾望，猶之蜜蜂需要分房。古代希臘人在地中海沿岸，建設新城市後，部分希臘人自其故居，遷往新地經營發展，即屬此例。此種移民性質具有永久性，且是自動的。

三　政治原因

基於國際間政治關係，而由第三者（不論是國家或國際仲裁機關）主持有關兩國人民交換，交換的動機，不外是歷史的、種族的、文化的、或地理的要求。西元一九二二年國際聯盟協助土耳其與希臘互換人民，即屬此例。惟中國史上尚無此例。

四　經濟原因

中亞細亞草原區，游牧民族因苦旱歲月所迫，缺水乏草，人畜無法生存，基於生存慾望，相率侵據鄰境，或四出搶掠，卽屬此例。此種以經濟原因向外移民，在中國史上幾歷代皆有。

五　戰爭原因

戰勝國爲鞏固其在戰敗國的統治權，將戰敗國部分人民，特別是軍人，或抵抗最激烈地區人民，強制其遷離故土，以分散其力量，此種移民屬於被動性質。如唐太宗於貞觀十九年（西元六四五年）首次親征高句麗，當其班師時，曾將佔領地的遼東、蓋平、白巖三州高句麗七萬餘人移往中國。又如唐高宗於總章元年（西元六六八年），平定高句麗後，爲懲其頑強反抗，亦迫令高句麗三萬八千二百人遷入中國江淮之間及山南、京西的曠野，從事墾殖。不過，因戰爭原因而強制移民的事例，往往時移事遷，交戰兩國基於政治利害，又復和好，戰勝國亦有將前所強制遷入的戰敗國人民遣回，例如唐總章二年（西元六六九年），唐高宗因高句麗叛衆勾結新羅叛唐，遂採以高句麗人制高句麗人之策，將總章元年所俘高句麗寶臧王及其國人釋回，並授以「遼東都督」，封「朝鮮郡王」，以配合唐軍對叛軍作戰，展開戰地撫輯（參閱本書拾貳稱雄朝鮮半島的「君子之國」——新羅），卽屬此例。

六　貿易原因

友好國家基於貿易需要，以促進兩國商務發展，亦有移民之舉。新羅卽因展開對唐貿易，而自動移民中國，唐對新羅亦頗優待。當年新羅僑民以居留江蘇的揚州、淮安、漣水，與山東的諸城、牟平、文登等地較多，所住街道，稱爲「新羅坊」（與今日華人僑居美國舊金山，名其所住街道爲「唐人街」，事出一轍），所住旅舍，稱爲「新羅館」。新羅僑民在居留地，設立「勾當新羅所」，用來接待新羅的貿易官員，與新羅進出口的商人。在「勾當新羅所」內，設有「通事」，專司翻譯工作，以利中韓貿易。當年新羅輸入唐的貿易品，約有銅、鐵、銀、綾、錦、絲、布、人參、附子等。新羅僑民又在登州（今山東蓬萊）至密州（按爲唐新置，轄今山東諸城四縣）沿途經營陸上貨運業，在密州至楚州（按爲唐新置，轄今江蘇北部地）經營水運客貨商船。在文登赤山村，有服役中國的退役新羅軍官張保臯所建的「法華院」寺廟（參考日本和尚圓仁旅行中國的記遊）。由於新羅人是主動的移民，故居留中國期間的長短，全視各人的需要或愛好來決定。

至於一國主動請求他國移民，以助其經濟開發，並藉此減緩他國人口膨脹，亦屬常事，民國四十八年巴西邀請中國移民，卽屬此例。拙著「巴西鳥瞰」一書，可資參考。

拾陸　日本遣唐使運動

一　遣唐使動機——日本對唐的景慕與輸誠

隋亡唐興，日本留學生與學問僧，先後自中國返國，上奏舒明天皇說：「大唐國者，法式備立，珍國也。常須達。」（日本書紀）因而日本知識階級以「景慕之情懷，模仿之慾望勃不可遏」的心理，繼續入唐攝取中國優秀文化（研求佛法亦爲重要目標），於是大規模的「遣唐使運動」，隨之展開。

隋代與初唐，日本遣隋使與遣唐使前往中國，採取北路：由三津浦（難波）起，經瀨戶內海、下關海峽、博多、壹歧、對馬，通過朝鮮半島的南畔與躭羅國（今濟州島）橫斷渤海口，經黃海而至山東登州登陸，再經萊州、北海、青州、袞州（或濟南）、曹州、開封、鄭州、洛陽、永寧、函谷關、潼關、渭南，以抵唐都長安。惟至唐中葉，朝鮮半島政治形勢改變，與日本交好的百濟、高句麗二國，已爲新羅所併，新羅稱雄半島「益恃其勢，而無禮於日本」，因而日人經由朝鮮半島，通往中國的交通爲之阻斷，於是捨北路而走南路；自筑紫起，經瀨戶內海、下關海峽、博多、五島列島，越中國東海，而至揚子江口登陸，再由揚州、刋溝、邵伯、高郵、淮安、清河、通濟渠、徐州、彭城、開封、鄭州、洛陽、永寧、函谷關、潼關、渭南，以達唐都長安。故「唐書東夷傳」說：「新羅梗海道，更繇明越州（浙江寧波、紹興二府轄地）朝貢」，卽指日本改道入唐朝貢事。

日本遣唐使運動，始於舒明天皇三年（唐太宗貞觀五年、西元六三一年），犬上御田鍬使唐，終於宇多天皇寬平六年（唐昭宗乾寧元年、西元八九四年），菅原道眞使唐未遂止，前後歷二百六十三年。遣唐使的組成分子，除使臣外，尚有大批留學生與學問僧，他們多係瞭解中國語言與國情的「漢人」，按魏晉之際，高句麗、百濟併吞漢郡，漢人或歸中國大陸，或移民日本；移民日本的中國人，日人稱之「漢人」或「秦人」與「新漢人」（按隋唐之際，新羅受高句麗、百濟所困，僑居新羅的中國人遷入日本，日人稱之「新漢人」，以別於前所遷入的「漢人」），對於中國文化的研習，當收事半功倍之效。

日人景慕中國文化的熱忱，在世界史上是罕見的，他們有計劃、有步驟的吸取中國文化，而模仿實行的精神，除中國人在兩晉、南北朝及隋、唐時代，攝取印度佛教所作的努力，差足媲美外，尚乏類似實例。其後，日本齊明天皇因援百濟復辟，白江口一役，日軍爲唐師所擊潰，則日本遣唐使動機，不盡專爲中國文化的吸收，且含輸誠之意。日本歷經二百六十三年的「遣唐使運動」，結果產生日本史上的「大化革新」，使日本成爲一個華化的國家。唐玄宗號日本爲「禮義君子國」，所謂禮義，卽指中國式文化生活，等於承認日本已成爲中國式文化生活的標準國家。直至十九世紀中葉，歐風東漸，日人爲追求科學文明，捨華化而西化，致有明治維新運動的產生，從此日本步入歷史新頁，一躍而爲近代史上的強大國家。

二　遣唐使實況

日本推行遣唐使運動的二百六十三年間，計遣使十五次，送迎唐使四次，日王子朝貢三次，玆依其年次，簡述如下：

（一）唐太宗貞觀五年（日本舒明天皇三年、西元六三一年），日本遣犬上御田鍬，偕藥師惠日使唐（參考日本書紀），唐太宗矜其遠，詔有司毋拘歲貢，遣新州刺史高表仁往諭（新唐書日本傳）。翌年，高表仁送日使犬上御田鍬歸國，學問僧靈雲、僧旻、勝烏養等（隋時留學中國）隨返。高表仁至日，因與舒明天皇「爭禮」，而未宣命，故「資治通鑑唐紀」云：「倭國遣使入貢，上遣新州刺史高表仁持命往撫之，表仁與其王爭禮，不宣命而還」。

唐貞觀十四年（日本舒明天皇十二年、西元六四〇年），日本留唐學問僧南淵請安、學生高向玄理等，響應日皇號召歸國。

先是，日本推古天皇三十一年（唐高祖武德六年、西元六二四年），日本留學生自唐歸奏：「唐，禮儀之國也，宜常相聘問，學生在唐者，皆已成器，願召還之。」（日本國志）致有日後舒明天皇召還留學生之舉。

有唐一代，為亞洲政教中心，亦東方文化薈萃之地，亞洲各國爭相派遣學生來唐留學，非僅日本一國而已。

唐設專署主其事，據「新唐書職官志」云：唐置「崇玄署令一人，丞一人，府二人，史三人，典事六人，令掌京都諸觀之名教，道士之帳籍與其齋醮之事，丞為之貳。」「新唐書百官志」亦謂：「崇玄署一人，正八品，丞一人，正九品，掌京都諸觀名教與道士帳籍之事。新羅、日本僧入朝學問九年不歸者，編諸籍。」

唐貞觀二十二年（日本孝德天皇大化四年、西元六四八年），新羅貞德女王遣其弟春秋來朝，日本附新羅表以通唐太宗起居，此時，新羅與日本邦交尚洽，故日本附新羅表以通唐帝（參考唐書倭國傳）。

（二）唐高宗永徽四年（日本孝德天皇白雉四年、西元六五三年），日本遣大使吉士長丹、副使吉士駒來唐，學生巨勢藥、氷老人，學問僧道昭（日本元興寺僧）等一百二十餘人隨來。道昭於慈恩寺從唐僧玄奘傳因明之學（參考日本書紀），其歸國後，在飛鳥建立禪院，首昌法相宗（研究佛法體相爲主），並獻身慈善事業。而日本火葬之風，亦爲道昭所創。

同年，日本遣大使高田根麻呂、副使掃守小麻呂使唐，從行者有學問僧道福等一百二十人，惟航行至竹島（朝鮮半島珍島西南一小島），遇風舟沉，僅五人生還。

（三）唐高宗永徽五年（日本孝德天皇白雉五年、西元六五四年），日本遣押使高向玄理、大使河邊麻呂、副使藥師惠日等使唐，至長安獻方物（日本書紀），所獻爲「虎魄大如斗，瑪瑙約五升器。」（新唐書日本傳）

（四）唐高宗顯慶四年（日本齊明天皇復辟第五年、西元六五九年），日本遣大使坂合部石部、副使津守吉禪等，分乘二船入唐，蝦夷（按爲日本最早土著民族，三千年前，蝦夷人東經西伯利亞而至日本居留，其族後裔尚散佈於北海道）二人隨之。惟坂合部石部座船駛抵南海島時，爲島人刼持，僅五人奪船至括州。津守吉禪座船安抵會稽，轉往長安謁高宗，唐因準備伐百濟，而抑留津守吉禪（參考日本書紀），按百濟與日本友好，唐防日使洩漏消息，故加抑留。查日本此次遣使，唐史未載。

附註：自唐高宗龍朔三年（日本天智攝位之二年、西元六六三年），唐熊津都督劉仁軌大勝日援百濟軍後（見本書第拾壹章唐高宗援新羅平百濟高句麗），日本震於唐威，深懼越海來伐，爲示輸誠，此後送迎唐使四次，其組織之完備，規模之龐大，爲遣唐使以來所未有。

（五）唐高宗麟德二年（日本天智攝位之四年、西元六六五年），劉仁軌爲百濟、新羅主盟於熊津城，並徵日本、高句麗、躭羅勿犯新羅。日使列席熊津之盟，日史雖未記載，但「資治通鑑唐紀」有云：「（麟德）二年八月壬子，同盟於熊津城，劉仁軌以新羅、百濟、躭羅。倭國使者浮海西還。」

同年，熊津都督劉仁軌遣散朝大夫劉德高赴日宣撫，日廷饗賜德高於筑紫，天智使大友皇子見之，禮遇甚隆，並令守大石、坂合部石積等送德高還熊津（請閱第拾壹章），惟唐史未載，蓋劉德高之使日，係由劉仁軌所遣也。

（六）唐高宗乾封二年（日本天智攝位之六年、西元六六七年），日使坂合部石積自熊津返國，劉仁軌派熊津都督府司馬法聰等伴送至筑紫，而司馬法聰歸熊津時，日廷復以伊吉博德、竺諸石等護送之，禮相往來，日人頗稱道之（參考日本書紀），惟唐史未載。

（七）唐高宗咸亨元年（日本天智天皇卽位之三年、西元六七〇年），日本遣河內鯨使唐，祝賀唐高宗平定高句麗（按李勣於高宗總章元年平高句麗）。

同年，日本惡「倭」名不雅，更號「日本」，據「新唐書日本傳」云：「稍習夏音，惡『倭』名，更號『日本』，使者自言國近日所出，以爲名。」

（八）武后長安元年（日本文武天皇大寶元年、西元七〇一年），日本遣朝臣眞人（官職若唐尚書）粟田偕大使高橋竺間、副使坂合部大分、山上憶良、僧道慈等使唐（參考續紀）。據「新唐書日本傳」云：「粟田冠進德冠，頂有華蘤四披，紫袍帛帶。眞人好學能屬文，進止有容。」武后以禮待之，賜宴於鱗德殿，授粟田「司膳卿」。

（九）唐玄宗開元五年（日本元正天皇養老元年、西元七一七年），日本遣粟田眞人來朝（新唐書日本傳）偕唐押使多治比縣守、大使阿倍安麻呂、大伴山守、副使藤原馬養，總員五百五十七人，留學生阿部仲麻呂（卽仲滿）、吉備眞備、學問僧玄昉等隨之（續紀）。

按日本於元明天皇和銅二年（唐中宗景龍三年、西元七〇九年），自攝津遷都奈良，爲日本史上極盛時期，史稱「奈良時代」——在此七十五年間，亦是遣唐使的黃金時代，故日本此次遣使規模較前龐大，陣容亦較整齊，舉凡書籍、錄事、通譯、陰陽師、船師、船匠、射手、水手等及留學生、學問僧均包羅其中。

日使粟田眞人至長安後，請從諸儒授經，唐玄宗詔四門助教趙玄默卽鴻臚寺爲師，粟田獻大幅布爲贄。

唐玄宗對日僧道慈（武后長安元年來唐，在長安習三論宗，三論宗以研習中觀論、百論、十二門論爲主，兼習法相宗）的優異才學，亦頗讚賞。其後，道慈歸日，仿長安西明寺興建大安寺。

（十）唐玄宗開元二十年（日本聖武天皇天平四年、西元七三二年），日本以多治比廣成爲大使、中臣名代爲副使，偕判官、錄事各四人，總員五百九十四人，分乘四船來唐。

日使多治比廣成在唐三載，於唐開元二十三年（日本聖武天皇天平七年、西元七三五年）偕中臣名代、留學生吉備眞備、學問僧玄昉返國。吉備眞備於二十二歲時隨粟田眞人來唐，留學十八年，深通中國經史、算術、天文，回國時攜去唐禮一百三十卷、太衍曆經一卷、太衍曆立成十二卷、樂書要錄十卷及弓箭、管樂等。

吉備眞備歸日，唐詩人沈頌贈詩云：「君家東海東，君去因秋風。漫漫指鄉路，悠悠如夢中。煙霧積孤島，波濤連太空。冒險當不懼，皇恩措爾躬。」

玄昉攜回佛像、經典五千餘卷。

日本副使中臣名代座船歸國途中，遇風飄流南海，備嘗艱辛，折返長安，唐玄宗得報，優撫之。翌年，唐玄宗遣還，並致日本國書云：

「勅日本國主明樂美德（按天皇譯音）：彼禮義之國，神靈所扶，滄溟往來，未嘗爲患。不知去歲何負幽明，丹墀眞人廣成（按日使多治比廣成在唐易姓丹墀氏）等入朝東歸，初出江口，雲霧斗暗，所向迷方，俄遭惡風，諸船飄蕩。其後一船在越州界，卽眞人廣成，尋已發歸，計當至國；一船飄入南海，卽朝臣名代，艱虞備至，性命僅存。名代未發之間，又得廣州表奏，朝臣廣成（按隨多治比廣成使唐之判官）等，飄至林邑國，旣在異國，言語不通，並被刼掠，或殺或賣，言念災患，所不忍聞。然則林邑諸國，比常朝貢，朕已敕安南都護令宣勅告示，見在者令其送來，待至之日，當存撫發遣；又一船不知所在，永用疚懷，或已達彼蕃，有人來可具奏。此等災變，良不可測，卿等忠信則爾，何負神明，而使彼行人罹其凶害，想卿聞此，當用驚嗟，然天壤悠悠，各有命也。中冬甚寒，卿及百姓，並平定好，令朝臣名代還，一一口具，遣書指不多及。」（曲江張九齡文集），備見唐玄宗懷柔日人之甚也。

（十一）唐玄宗天寶十一載（日本孝謙天皇天平勝寶二年、西元七五二年），日本遣大使藤原清河、副使大伴古麻呂、吉備眞備朝唐，唐史失載。

唐玄宗命日人阿部仲麻呂，接待藤原清河一行，及玄宗召見藤原清河之際，見其舉止儒雅，因謂之曰：「聞日本國有賢君，今見使者趨揖自異，禮義之國之稱，洵不誣也。」（續紀）而德川光國氏的「大日本史」亦云：「藤原清河至長安見玄宗曰：『聞彼國有賢君，今觀使者趨揖有異，乃號日本爲禮義君子之國』。」可知日本經歷一百二十一年的遣唐使運動（自唐太宗貞觀五年至玄宗天寶十一年計之），已成爲中國式文化生活的標準國家。

又據日史「續紀」所載，日使藤原清河於天寶十二載正月朔，會同各國在唐使節覲賀玄宗於含元殿；新羅使東班，在大食上，藤原清河西班，在吐番下，阿部仲麻呂以席次排列未妥，爲請易位，遂班於新羅之後。日人自負，於此小節處，可窺一斑也。

同年，藤原清河大使歸日，唐玄宗以清河學養卓異，賦詩贈之曰：「日下非殊俗，天下嘉會朝。朝余懷義遠，矜爾畏途勞。漲海寬新月，歸帆駛夕飈。因驚彼君子，王化遠昭昭。」（日本高僧傳要文抄），玄宗詩中對日人模仿中國文化的成就，與感日使遠途來朝之誠，備致嘉勉。

當藤原清河將歸之際，日人阿部仲麻呂於留唐三十六年後請與俱還，玄宗因命爲使。按阿部仲麻呂於唐開元五年，隨粟田眞人來唐留學，易姓名爲朝衡（唐詩作晁衡），歷仕左補闕（掌供奉諷諫，扈從乘輿，凡發令舉事有不便於時，不合於道，大則廷議，小則上封。若賢良之遺滯於下，忠孝之不聞於上，則條其事情而薦言之。拾遺補闕，自唐開元以來，尤爲淸選。），尋爲儀王友（儀王玄宗第十二子），職爲陪侍遊居，規諷道義。進衛尉少卿。天寶十二載擢祕書監兼衛尉卿，親寵任事。與當代文學家王維（字摩詰，河東人，工書畫。與弟縉，並有俊才。唐開元九年，擢進士第，歷官淸顯，安史亂後，官至尚書右丞。其詩、詞秀調雅，意新理愜，初視平淡，讀久味深。）趙驊（字雲卿，鄧州穰人，開元中舉進士，連擢第，官至祕書少監，與朝衡殆有同事之雅。）包佶（字幼正，唐天寶六年舉進士及第，累官諫議大夫，後坐善元載，貶官嶺南。以劉晏奏，起爲汴東兩稅使，後官至祕書監。）李白（於玄宗天寶元年始自會稽，以吳筠之薦，得受徵至京，爲玄宗所賞識，並與在京諸名士相友，則其與朝衡訂交，當亦在天寶元年以後矣。）等人友善，往來唱酬。茲値阿部仲麻呂賦歸，各以詩文相贈，擇錄數首以供欣賞。

尚書右丞王維「贈序仲麻呂」，不僅文辭典雅，且爲硏究中日關係的重要文獻，其文曰：「舜覲羣后，有苗不服，禹會諸侯，防風後至，動干戚之舞，興斧鉞之誅，乃貢九牧之金，始頒五瑞之玉。我開元天地大寶聖文神武應道皇帝，大道之行，先天布化，乾元廣運，涵育無垠，若華爲東道之標，載勝爲西門之候，豈甘心於邛杖，非徵貢於苞茅，亦由呼韓來朝，舍于蒲陶之館。卑彌遣使，報以蛟龍之錦，犧牲玉帛，以將厚意，服食器用，不寶遠物，百神受職，五老告期，況乎戴髮含齒，得不稽顙屈膝。海東國日本爲大，服聖人之訓，有君子之風，正朔本乎夏時，衣裳同乎漢制。歷歲方達，繼舊好於行人，滔天無涯，貢方物於天子，司儀加等，位在王侯之先，掌次改觀，不居蠻夷之邸，我無爾詐，爾無我虞，彼以好來，廢關弛禁，上敷文教，虛至實歸，故人民雜居，往來如市。晁司馬結髮游聖，負笈辭親，問禮於老聃，學詩於子夏。魯借車馬，孔丘遂適於宗周，鄭獻縞衣，季札始通於上國。名成太學，官至客卿。必齊之姜，不歸娶於高國，在楚猶晉，亦何獨於由余。遊宦三年，願以君羹遺母，不居一國，欲其晝錦還鄉。莊舄既顯而思歸，關羽報恩而終去。於是稽首北闕，裹足東轅，篋命賜之衣，懷敬問之詔，金簡玉字，傳道經於絕域之人，方鼎彝樽，致分器於異姓之國。琅邪臺上，迴望龍門，碣石館前，夐然鳥逝，鯨魚噴浪，則萬里倒迴，鷁首乘雲，則八風卻去，扶桑若薺，鬱島如萍，沃白日而簸三山，浮蒼天而吞九域，黃雀之風動地，黑蜃之氣成雲，淼不知其所之，何相思之可寄。嘻！去帝鄉之故舊，謁本朝之君臣，詠七子之詩，佩兩國之印，恢我王度，諭彼蕃臣，三寸猶存，樂毅辭燕而未老，十年在外，信陵歸魏而逾尊，子其行乎，余贈言者。」

王維送晁衡（卽阿部仲麻呂）詩：「積水不可極，安知滄海東？九州何處遠？萬里若乘空。向國惟看日，歸帆但信風。鰲身映天黑，魚眼射波紅。鄉樹扶桑外，主人孤島中。別離方異域，音信若爲通。」

趙驊送晁補闕歸日詩：「西掖承休澣，東隅返故林。來稱郯子學，歸是越人吟。馬上秋郊遠，舟中曙海陰。知君懷魏闕，萬里獨搖心。」

包佶送日本國聘賀使晁巨卿東歸詩：「上才生下國，東海是西鄰。九譯蕃君使，千年聖主臣。野情偏得禮，木性本含眞。錦帆乘風轉，金裝照地新。孤城開蜃閣，曉日生朱輪。早識來朝歲，塗山玉帛均。」

李白哭晁卿衡詩：「日本晁卿辭帝都，征帆一片遶蓬壺。明月不歸沉碧海，白雲秋色滿蒼梧。」阿布仲麻呂離情依依，亦以詩抒懷：「銜命將辭國，非才忝侍臣。天中戀明主，海外憶慈親。伏奏違金闕，騑驂去玉津。蓬萊鄉路遠，若木故園林。西望懷恩日，東歸感義辰。平生一寶劍，留贈結交人。」一慕華之情，流露詩中。惟阿布仲麻呂與籐原清河一行，於歸國途中，遇風飄流安南，折返長安，終老中土未歸。唐玄宗任籐原清河爲特進秘書監，更名河淸。

日本學者山崎闇齋之門人谷重遠，於「俗說贅辨」中斥晁衡爲日本罪人，害國體失大義，爲李白、王維友，而爲顏魯公、杜少陵所不取。但江戶大儒林道春「羅山先生文集」獨爲晁衡辯解，稱其不辱君命。近年杉本直治郎始闡明其協和國際，爲日本之永久駐唐使節，以利文化之移植，其勳勤不可沒焉。若以中國言之，晁衡之懷恩慕義，歟歷內外，丁安史之亂，兩河瓦解，而綏靖南服，忠純無二。蓋晁衡當日所呼吸者，爲世界文化之精英，其所致力者，爲人類之福祉。此所以沐上國之恩榮，受東士之褒揚，而非規規小儒所與知也。當時李白、王維之才華，皆淪落不偶。王維因陷賊之故，幾淪刑辟。卽晁衡所交遊之儲光羲、包佶等，皆科第淸華，而名位均無以過衡。以知衡之遭遇爲獨隆，其內結主知者，當自有在；而唐代之懷柔遠人，重用客卿，眞有「天下一家」「八紘一宇」之觀。（參考梁容若唐祕書監晁衡事輯）

當阿布仲麻呂歸日，唐名僧鑑眞隨之同往，仲麻呂因風折回，鑑眞涉險抵日，攜有華嚴經八十卷、大佛名經十六卷。孝謙天皇出城親迎，捨身受戒，朝臣競相問法。日本律宗（按律宗屬大乘教，依據律藏的四分律，創始者爲印度曇無德。當中國三國時代，曇摩訶羅入魏都洛陽開其源。南北朝時代，北魏法聰講四分律，本宗始立）的創立，肇基此時。

鑑眞在日傳佛，備受日人欽敬，「高僧鑑眞傳」有如下記載：「（鑑眞）達於日本，其國王歡喜，迎入城大寺安止。初於盧遮那殿前立壇，爲國王授菩薩戒，次夫人、王子等，然後教本土有德沙門，足滿十員，度沙彌澄修等四百人，用白四羯磨法也。又有王子一品親田，捨宅造寺，號招提，施水田一百頃，自是以來，長敷律藏，受教者多彼國號大和尙，傳戒律之始祖也。」

由於中日兩國邦交的和諧無間，故當唐天寶十四載（日本孝謙天皇天平勝寶七年、西元七五五年）八月，平盧節度使兼范陽、河東兩鎮，東平郡王胡人安祿山反於范陽（今北平），其部將孫孝哲（契丹人）攻陷長安，唐玄宗之能先期走避，實因日本先以渤海（按高句麗亡後，餘部由大祚榮率領，據圖門江、鴨綠江流域，建立震國。唐玄宗開元中晉封爲渤海國王）使者上奏情報之故也。

（十二）唐肅宗乾元二年（日本淳仁天皇天平寶字三年、西元七五九年），日本爲迎還前遣唐大使藤原淸河（留唐任特進秘書監），特命大使高元度等九十餘人至唐（續紀）。此時，中國因安祿山之亂，唐玄宗走成都，其子李亨卽位靈武，是爲唐肅宗，日使未能朝見，肅宗乃使敕高元度說：「特進秘書監藤原河淸，當從請遣還，而賊徒未平（指史思明之亂），道路多阻，元度宜取南路先歸。」另命謝時和送高元度至蘇州，又令沈惟岳以唐船送還。高元度行前，復奉唐肅宗勅曰：「禍亂以來，兵甲彫弊，欲造弓矢，切要牛角，異日還國，卿幸輸之。」

唐使沈惟岳伴高元度一行，於唐上元二年（日本淳仁天皇天平寶字五年、西元七六一年）抵日，日廷宴於太宰府。淳仁天皇以唐肅宗急需牛角製甲，卽命仲石伴等爲使貢獻牛角，又命中臣鷹取等爲使以送唐使，惟以風阻而止（參考續紀）。當我安史之亂，國事蜩螗之時，以賊情相告，且不廢使聘，亦難能可貴。

（十三）唐代宗大曆十二年（日本光仁天皇寶龜八年、西元七七七年），日本遣小野石根代行大使來唐。翌年，朝唐代宗於長安宣政殿（按郭子儀於唐肅宗至德二年收復兩京）。當小野石根一行歸國，唐代宗以趙寶英、孫興進爲使護送，石根溺死途中，孫興進與小野滋野抵日，光仁天皇遣「將軍發六位以下子弟八百名充騎隊，蝦夷二十人充衛儀，迎之城門外。」日皇對唐使禮節，可謂隆重矣。

唐代宗大曆十四年（日本光仁天皇寶龜十年、西元七七九年），光仁天皇令布勢清直爲送唐客使，護送孫興進等返唐。

（十四）唐德宗建中元年（日本光仁天皇寶龜十一年、西元七八〇年），日本使眞人興能來朝，獻百物。興能善書，其紙似繭而澤。陶穀的「清異錄」云：「有譯者乞得章草兩幅，皆文選中詩，沙范楊履。顯德中爲翰林編排官，言譯者乃遠祖。出兩幅示余，筆法有晉人標韻，紙兩幅，一云女兒青；微紺；一云卯品晃。白滑如鏡面。筆至上多褪，非善書者不敢用，意惟鷄林（指新羅）紙，似可比肩。」

是年，唐使高鶴林至日，日廷饗宴款待。

（十五）唐德宗貞元十七年（日本桓武天皇延曆二十年、西元八〇一年），日本任命藤原葛野麿爲大使、石川道益爲副使，並以菅原清公、高階、遠成等使唐。（日本紀略）

日使一行於唐貞元二十年（日本桓武天皇二十三年、西元八〇四年）抵長安，藤原葛野麿偕留學生橘逸勢、學問僧最澄、空海，朝唐德宗於宣化殿。翌年，唐德宗逝世，葛野麿等素服舉哀。

唐順宗李誦於同年卽立，令內使王國文送日使至明州，隨之還者有僧最澄、義空。最澄留唐二載，專研天臺山密教，攜返經典二百三十部四百六十卷，首創天臺宗於日本。唐米多種亦由日人攜之歸國。

唐順宗在位八月病逝，子純立，是爲憲宗，（憲宗剛明果斷，任賢相名將，若杜黃裳、李絳、武元衡、裴度、李愬、高崇文輩，內修政事，外翦強藩，首平夏蜀，繼平淮西淄靑，河北諸鎭，亦先後歸命，盡遵朝廷約束，唐室號稱中興。）日使遠成留唐，憲宗授以「中大夫試太子中允」。及遠成回國，憲宗特賜褒獎云：「遠成等奉其君長之命，趨我會同之禮，越滄海而萬里，獻方物於三檢，所在褒獎，並賜班榮。」（日本紀略）橘逸勢、空海亦隨返。按橘逸勢留唐十餘載，對中國文學造詣甚深，唐人呼之爲「橘秀才」。空海在長安靑龍寺習眞言密教，攜回新譯經一百四十二部二百四十卷，梵字眞言讚等四十二部四十四卷，論疏三十二部一百七十卷。其後，眞言密教因空海之傳播，而弘佈於日本。

（十六）唐文宗開成三年（日本仁明天皇承和五年、西元八三八年），日使藤原常嗣等至長安朝唐文宗，貢珍珠絹。

日僧圓仁（慈覺大師）入唐，在揚州學梵語，繼至長安學義眞密教九年，攜還詩書經典五百八十四部八百零二卷，並著「入唐求法巡禮行記」，深得日本朝野的信任。

（十七）唐宣宗大中二年（日本仁明天皇嘉祥元年、西元八四八年），日本王子朝唐，貢方物。

王子善碁，宣宗命待詔顧師言與之對碁（參考唐書宣宗紀）。「王子出楸玉局冷煖玉碁子，云：『本國之東，有集眞島，島上凝霞臺，臺上有手談池，池生玉碁子，冬溫夏冷，故謂冷煖玉。又產如楸玉，其狀類楸，琢之爲局，光潔可鑑。』師言與敵手，至三十三下，勝負未分，師言汗手凝思，方敢落指，謂之『鎮神頭』，乃是解兩征勢也。王子瞪目縮臂，已伏不勝；廻顧鴻臚曰：『待詔幾手耶』？對曰：『第三手』，王子曰：『願見第一』，曰：『王子勝第三，方得見第二，勝第二，方得見第一，今欲躁見第一，其可得乎？』王子掩局曰：『小國之一，不如大國之三，信矣』！」「（東西洋考）至今日人好奕之風，不減當年。

（十八）唐宣宗大中七年（日本文德天皇仁壽三年、西元八五三年）四月，日本遣王子來朝，獻寶器及樂，宣宗顧謂日王子曰：「近者黃河清，今又日本來朝，朕德薄，何以堪之。」因賜下寮晏，百戲以禮之。

同年，日僧圓珍（智證大師）入唐，巡拜天臺山聖蹟，至長安學密教，迨唐宣宗大中十二年（西元八五八年）歸國時，攜回經典四百四十一部，一千餘卷，道具法物十六種，碑銘文拓本多種，唐詩人多與圓珍友善，返國時特贈以「風藻餞言」，現仍藏於日本國城寺。

（十九）唐昭宗乾寧元年（日本宇多天皇寬平六年、西元八九四年），日本任命菅原道眞爲遣唐大使、紀長谷雄爲副使，適中國內亂遞起，先是宦官楊復恭叛，經李茂貞平定，茂貞繼擅殺大臣，陰謀廢立。道眞上書宇多天皇言狀，遂中止使唐。大唐國勢至昭宗朝，已日薄西山，日本遣唐使運動至此停止。但日僧、商賈往來中國習佛、經商。其盛況一如遣唐使盛期。

三　遣唐使成果

日本歷二百六十三年的唐化運動，由散漫的氏族部落，進而建立面目全新的華化國家——「禮義君子國」，此固爲日人致力革新運動的成果，是日本人的光榮，但亦爲中國人的光榮。茲就日本自推行遣唐使運動以來，在政教方面的成果，擇介如后：

(一) 大化改革

日本孝德天皇於唐太宗貞觀十九年（西元六四五年）卽位時，日本留唐學生次第回國，耳濡目染大唐政教法制的絢爛完美，對其本國雜亂無章的內政，自易引起不滿，於是懷着不可遏制的革新慾望，上書孝德天皇，改革國政。孝德亦感落後國家，不力爭上游，將無以立足於世界，因從留學生之請，產生日本史上劃時代的大化革新運動，史稱「大化改革」——日本自此結束神武開國以來，幼稚而不健全的氏族政治，邁入正式的國家組織。

「大化」是孝德推行新政，所採用的年號（日本史上最早的年號）。「大化改革」的主要執行人物，是中大兄皇子與大臣中臣鎌足，他們二人是留隋學生南淵請安的學生。此外，還有孝德做太子時的老師高向玄理（留隋唐學生）與僧旻（留隋學問僧）二人。革新派將蘇我氏的舊政治勢力推翻之後，孝德卽於大化二年（唐太宗貞觀二十年、西元六四六年）下詔革新，聘高向玄理爲「國博士」，指導推行新政。

「大化改革」最顯著的成果有二：

（一）實行土地公有——「廢私地私民而爲公地公民」，此卽廢除國縣世襲，將私有土地收歸國有。模仿唐「均田制」及「班田收授法」，實行計口授田。租稅定爲租、庸、調三種，亦自唐制蛻變而來。日本自實行土地公有後，行之已久的氏族制度隨之瓦解。

（二）釐定政府組織——日本聖德太子曾仿隋制，制定冠位、官階。孝德天皇復仿唐「六典」，設置八省百官；中央設太政大臣、左大臣、右大臣爲最高行政首長，與唐的太師、太傅、太保相若。下置中務、式部、治部、民部、兵部、刑部、大藏、宮內八省，分掌政務，其職位與唐的三省六部相類似。又仿唐制設大納言、彈正臺、五衞府、國司、郡司等官職。重定地方制度，以國統郡，郡統里，里統戶，國司由天皇任命，日本始由地方分權制，變爲中央集權制，國家基礎因是鞏固。

日本人自認「大化改革」的輝煌成果，是中日兩國共同努力的收穫，亦是中日兩國的共同事業，後藤末雄博士說：「對大化革新作了極重大貢獻的，是請安、玄理和僧旻，他們都是遣隋留學生，歸化日本的漢人的子孫，所以大化革新也可說是日本思想和中國思想，日本人和中國人的共同事業。」（日本、中國、西洋）洵爲客觀持平之言。日本從此積極展開唐化運動，進入日本史上的光榮時代。

（三）**建立學制**

日本仿唐制設大學於京都，隸式部省，教育「五位」以上的子弟。大學設明經道及紀傳道學科，以研習禮記、春秋、左傳、毛詩、周禮、儀禮、周易、尙書、孝經、論語爲主。另設國學，隸屬國司，教育地方人才，主修文選、爾雅、史記、漢書、後漢書、晉書等科目。此類經史書籍係六朝以後，東傳日本者。

（三）採用唐曆

日本在推古天皇以前，所用夏正，統稱「太古歷」，襲用漢曆，未習其術。推古十年（隋文帝仁壽二年、西元六〇二年），百濟僧觀勒攜南朝宋何承天的「元嘉曆」至日，日人始習曆學。其後，採用唐「儀鳳曆」。

聖武天皇天平七年（唐玄宗開元二十年、西元七三二年），吉備眞備自唐攜回「太衍曆」、「太衍曆立成」及測影鐵尺，日本乃改用「太衍曆」。

淸和天皇貞觀二年（唐懿宗咸通二年、西元八六一年），羽粟翼將唐「長慶宣明曆」攜之返日，日本復採用「長慶宣明曆」。

（四）制定刑律

日本簡化唐的五刑、八議、十惡，而制定刑律，分笞、杖、徒、流、死五等，又有六議、八虐，六議是議親、議故、議賢、議能、議功、議貴。八虐是謀反、謀大逆、謀叛、惡逆、不道、大不敬、不孝、不義。

（五）編纂史書

推古天皇二十八年（唐高祖武德三年、西元六二〇年），日本廐戸皇子撰「舊事記」（按伊勢貞丈的「舊事記剝僞」，指「舊事記」所載年代不實，斥爲僞書）。其後，馬子共撰「天皇記」、「國記」、「國造本紀」等史書。大安麻呂奉元明天皇命編撰國史，由稗田阿禮口授古史詩，而成「古事紀」，爲日本二大史學古籍之一（另一爲日本書紀）。元明天皇又令舍人親王編修「日本書紀」，上至神代，下至持統帝的一千餘年歷史，依照中國正史編年撰成「日本書紀」三十卷、系圖一卷，爲日本現存最早而較可靠的史籍。其後，日本又仿中國編年體裁，撰成「續日本紀」四十卷、「日本後紀」四十卷、「續日本後紀」二十卷、「文德天皇實錄」十卷、「三代實錄」十卷；均用漢文書寫。

（六）陰陽學說流傳日本

中國陰陽學說思想隨儒學流傳日本，中務省設陰陽寮，置陰陽師、陰陽博士、陰陽生等。日本政治受祥瑞吉凶異兆的影響頗大，例如孝德天皇得白雉視爲祥瑞，改大化五年爲白雉元年，並大赦天下，賑恤貧民。其他，如文武天皇的大寶年號，光仁天皇的寶龜年號等，均染有濃厚的陰陽家思想。

（七）日本仿唐都興建兩京

日本自神武天皇開國以來，習以每代遷都，直至元明天皇和銅二年（西元七〇九年），始下詔奠都平城（奈良），詔曰：「於平城地，四禽葉圖，三山作鎭，龜筮並從，宜建都邑。」按平城三面繞山，南面平原，符合儒家「南面稱王」思想。

翌年，日本自攝津遷都平城，稱平城京。其式樣悉以唐都長安爲藍本，中央爲朱雀大道，貫通南北，分左右兩京，更分九條四坊，坊方一里，皇宮在平城中央之北。平城京東西亘八里，南北亘九里，莊嚴富麗，氣象一新，爲日本空前未有的大都城。日本從此改變一代一遷都的舊習，長期定都於一地，對文化發展，自有裨益。

自元明天皇遷都平城，以迄桓武天皇遷都長岡（唐睿宗景雲元年至唐德宗興元元年，西元七一〇年至七八四年），共七傳，七十五年，爲日本歷史的極盛時期，史稱「奈良時代」。「奈良時代」是日本遣唐使的黃金時代，也是唐化的高潮時代。而唐代自中宗而睿宗而玄宗三世七十年間，又爲中國文化光輝燦爛時代，亞洲各地人文薈集中國，冶世界文化於一爐。此時也，日本感前代形式上模仿中國文化的不足，於是大量遣使入唐，人數一次多達六七百人，均爲學有專長的留學生、學問僧及各業技術人才，陣容龐大，人才濟濟。恰於此時，新羅稱雄朝鮮半島，一反昔年親日態度，並阻止日人自北路來唐路徑，日人因渴慕中國文化，不惜冒風災之險，甘涉波濤，經南路入唐，其學習精神感人至深。

（八）　日本盛行唐樂

唐樂在初唐傳入日本，文武天皇朝會習奏唐樂。日本文武天皇大寶二年（唐武后長安二年、西元七〇二年），設雅樂師。佛教盛典亦奏唐樂。

日本聖武天皇天平七年（唐玄宗開元二十二年、西元七三五年），吉備眞備自唐歸日，攜回銅律管一部，樂書要錄十卷，鐵如意、方響寫律管聲十一條。之後，中國樂器、樂曲相繼傳入日本，樂器有笛、琴、箏、箜篌等，現時日本正倉院所藏上述樂器，乃仿唐樂器製成者。樂曲有太平樂、千秋調、萬壽樂、破陣樂等。

（九）　中國書法流行日本

自東晉書法家王羲之、初唐書法家歐陽詢等人書法傳入日本，引起日人對中國書法的濃厚興趣。日人以之爲範本，巧爲摹擬，中國書法遂昌行日本。留唐學生橘逸勢、學問僧空海，均善草書，與嵯峨天皇並稱日本「書法三傑」。

（十）　唐代美術工藝對日本的影響

日本於文武天皇大寶年間（當唐武后之世），在中務省設畫工司，掌宮廷繪畫。日人所繪人物、山水、花鳥，其風格一如唐畫。

日本桓武天皇延曆二十四年（唐順宗永貞元年、西元八〇五年），日僧空海自唐攜回眞言五祖（金剛智、善無畏、一行阿闍梨、不空金剛、慧果）佛像，筆力雄渾，影響日人畫風頗大。至雕刻方面，唐僧鑑眞於日本孝謙天皇天平勝寶五年（唐玄宗天寶十二載、西元七五三年）赴日傳授律宗，攜去白旃檀千手佛、彌陀菩薩像。其後，雕刻師軍法力至日，手刻招提寺盧舍那像，日人繼起摹刻。（按奈良、平安兩朝佛像雕刻悉爲唐式。）在工藝方面，如鑄像、雕金、鍍金及鑲嵌細工、陶器、玻璃器的技術，亦有長足進步。染織法受唐影響，亦甚發達。織物種類如布、絹、羅、綾、錦、紬、氈、繡、佛像亦甚流行。

（十一）　制定法律

元正天皇於養老二年（唐玄宗開元六年、西元七一八年），依據唐律頒佈「養老律令」（此法完成於養老年間，故以養老律名之），日本始有完備法制。「養老律令」在日本通行達一千餘年，明治維新始再修訂。

（十二）　日本創造文字

孝謙天皇天平勝寶元年（唐玄宗天寶八載、西元七四九年），吉備眞備任日本遣唐副使，在唐致力漢字研究，回國後，用漢字的「偏旁」、「點」、「畫」，創造「片假名」，充作日本土音字母。

雖然一國文字絕非一人一時之力所能完成，但吉備眞備以漢字做基礎以創造日本文字，實已做到承先啓後的任務。之後，桓武天皇延曆年間（西元七八五年至八〇四年），日僧空海仿中國草書，製成「平假名」，日本文字至此始漸完備。文字是國家的表徵，是一國文化特有的產物，日本文字蛻化於中國文字，中日兩國「同文之雅」，實非空言。

（十三）日本朝野盛行漢文詩集

中國文學因吉備眞備、小野篁、橘逸勢等留唐學生的傳播，而風靡日本三島。日本最早的漢詩集「懷風藻」，多爲五言古詩，書成於孝謙天皇天平勝寶三年（唐玄宗天寶十載、西元七五一年）前後。「懷風藻」，格調與梁陳爲近，故視盛唐以後五言，較爲典雅。如判事紀末茂臨水觀魚一首云：「結宇南隣側，垂釣北池潯。人來戲鳥沒，船渡綠萍沉。苔搖識魚在，緡盡覺潭深。空嗟芳餌下，獨見有貪心。」正六位上左大史荊助仁之詠美人：「巫山行雨下，洛浦廻雪飛。月泛眉間魂，雲開髻上暉。腰逐楚王細，體隨漢帝飛。誰知交甫佩，留客令忘歸。」釋辨正與朝主人：「鐘鼓拂城闉，戎蕃預國親。神明今漢主，柔遠靜胡塵。琴歌馬上怨，楊柳曲中春。唯有關山月，偏迎北塞人。」

當時天皇子及皇室王子，皆好漢詩。故集中諸詩，大率皆應制公讌之作，所以辭句典雅，卻乏新意。而揣摩風氣，專以詩歌爲羔雁者，自然亦多。

另一部介紹日本各地風土的詩集「風土記」，有謂書成於元明天皇銅和六年（唐玄宗開元元年、西元七一三年）；有謂完成於醍醐天皇延長三年（唐明宗天成元年、西元九二六年）。

繼而聖武天皇手錄隋唐名家詩文一冊，又設「文章博士」，獎勵日人研究中國詩文，致產生燦爛的「奈良文化」。

桓武天皇於延曆十三年（唐德宗貞元十年、西元七九四年），自長岡（先自平城遷長岡）遷都平安（西京），日史稱爲「平安時代」（唐德宗貞元十年至宋光宗紹熙三年、西元七九四年至一一九二年）。自桓武以降的平城、嵯峨、淳和、仁明數代天皇均喜愛中國詩文，而以嵯峨天皇稱首。

平城天皇賦櫻花詩云：「昔在幽巖下，光華照四方。忽逢攀折客，含笑亙三陽。送氣時多少，垂陰復短長。如何此一物，擅美九春場！」（日本詩紀）此詩婉約雅緻，殆亦習染盛唐王維、孟浩然一派之作風者。

嵯峨朝臣賡歌，日月獻納，爲漢詩最盛時期，有「凌雲新集」、「文華秀麗集」的編纂，集中大多七言詩。如嵯峨天皇和左金吾將軍藤緒嗣過交野離宮詩云：「追想昔時過舊館，悽涼淚下忽沾襟。廢村已見人煙斷，荒院惟聞鳥雀吟。荆棘不知歌舞處，薜蘿獨向戀情深。看花故事誰能語，空望浮雲傷客心。」詩情並茂，允爲上乘之作也。又如和惟逸人春道秋日臥疾華嚴山寺精舍之作有句云：「天花流邃澗，香氣度煙霄。風竹時開合，鐘聲曉動搖。」蕭散有致。又嵯峨天皇神泉苑九日落葉篇云：「寥廓秋天露爲霜，山林晚葉併芸黃。自然灑落任朔風，搖颺徘徊滿雲空。朝來暮往無常時，北度南飛寧有期。歲月差馳徒逼迫，川皐變化遞盛衰。熙熙春心未傷盡，儵忽復逢秋風悲。窗颸掩亂吹洞庭，墜葉翩翩動寒聲。寒聲起，洞庭波，隨波泛泛流不已。虛條縮摵楓江上，舊蓋穿逾荷澤裏。塞外征夫戍遼西，閨中孤婦怨睽攜。容華銷歇爲秋暮，心事相違多慘悽。觀葉落，斷人腸，淮南木葉雜雁翔。對此長年悲，含情多所思。吁嗟潘岳興，感歎淚空垂。秋云晚，無物不蕭條，坐見寒林落葉飄！」（日本詩紀）此詩嵯峨蕭瑟，深得盛唐詩人劉長卿一派風緻。

淳和天皇之世，有「經國集」，平安中期，藤原公任氏編「和漢朗詠集」二卷，選白居易、菅原文時等中日詩人之漢詩及柿本人麻呂、紀貫之等人之和歌，此爲日本所輯中日詩家的漢詩最早彙集。菅原文時是日本平安朝的一代詩宗，爲文章博士，嘗參與宮廷內宴，其「宮鶯囀曉光」一詩，有「西樓月荷花間曲，中殿燈殘竹裏聲。」一時傳爲絕唱。

至日人愛好唐詩，而又習爲唐詩式之中文詩歌，故於唐人詩篇，亦蒐藏至富，而其留傳至近代者，遂往往有爲中土所失傳者。淸康熙時輯刻全唐詩，所收詩凡四萬八千九百餘首，所錄作者凡二千二百餘人。而日本所藏，則往往有逸出於全唐詩者。日本上毛河世寧，輯成「全唐詩逸」三卷。按河世寧，字子靜，其年代約當於淸乾隆中葉。嘗爲昌平學都講，博雅尙志，以輯錄「日本詩紀」五十卷著名。今按河氏所輯，雖無雄篇鉅製，然卽零縑碎錦，亦多珍品，如所採「祕府論」引王昌齡詩格內次鼇匡過韓士別業詩云：「春煙桑柘林，落日隱荒墅。泱莽平原夕，淸冷久延佇。故人家於此，招我漁樵所。」（全唐詩逸）又如引元兢詩格內蓬州野望詩云：「飄飄宕渠域，曠望蜀門隈。水共三巴遠，山隨八陣開。橋形疑漢接，石勢似煙迴。欲下他鄉淚，猿聲幾處催。」（全唐詩逸）又如引錢起失題詩云：「胡風迎馬首，漢月學蛾眉。久戍人將老，長征馬不肥。」（全唐詩逸）又如採「千載佳句」引周元範奉和白舍人遊鏡湖夜歸詩云：「風前酒醒看山笑，湖上詩成共客吟。畫燭滿隄燒月色，澄江繞樹浸城陰。」（全唐詩逸）皆爲唐詩中之佳著，若無日人之蒐藏，幾不爲中土所知矣。

自文德天皇後，日本中止遣唐使，而日本文字「片假名」、「平假名」日趨普及，日文與和歌相繼而起，幾取代漢文漢詩地位矣。

（十四）制定禮儀

嵯峨天皇下詔國人仿行唐儀，詔曰：「朝會之禮，常服之制，拜跪之禮，不分男女，均以唐儀爲標準。」及清和天皇時，亦仿唐開元禮制，新修釋典式制，頒行全國。按釋典制始於漢高祖，唐玄宗方確定其儀式，日本文武天皇曾明定其祀法，嗣定其服器儀式，此與吉備眞備攜回之先聖九哲畫像有關。

（十五）日本的崇佛

聖武天皇時，日僧道慈自唐歸國，仿長安西明寺興建大安寺。又仿唐制普遍建造龍興寺於日本各地，充爲天皇與國民祈福之所。

淳仁天皇天平寶字三年（唐肅宗乾元二年、西元七五九年），日本東大寺主持普照模仿唐兩京（長安、洛陽）路旁植果木樹，以便行旅。淳仁信佛極誠，下詔鑄大佛像於東大寺，詔曰：「若我寺佛興，天下復興，若我寺衰弊，天下衰弊」，具見淳仁以佛教與國之忱。由於佛教在日本普遍昌行，結果日本不僅在政治上，成爲華化的國家，且在宗教上，也是中國佛教化的國家。

（十六）日本新佛教的產生

日本留唐學問僧，將佛教的重要元素（佛宗、佛經、佛藝）輸入日本，佛教在日益加昌行。按日僧在唐，初習三論宗與法相宗。三論宗屬大乘教，根據十二門論、中觀論、百論之義。創始者爲印度龍樹提婆。東晉時，鳩摩羅什入後秦譯三論。隋代，嘉祥法師出，本宗始立。當日本推古朝時，高句麗僧惠滋將之傳入日本。法相宗亦屬大乘教，是唯識論。創始者為印度彌勒，繼由無著世親弘佈。唐玄奘至印度習佛於成賢，歸國後傳授窺基，此宗始立。其後，日僧道昭來唐求佛，始傳日本。

唐僧道叡於日本聖武朝，傳華嚴宗入日本。按華嚴宗屬大乘教，根據華嚴經立說，創始於印度龍樹，然未立宗。東晉時，跋陀羅來譯此經。隋唐之際，杜順始立此宗。繼之新羅僧人審祥至日，傳天臺宗於日本。按天臺宗為大乘教，根據法華經立說，南朝陳末年，智顗立本宗。審祥在日東大寺講法華經，聽佛者甚夥。繼而日僧最澄於桓武天皇延曆二十二年（唐德宗貞元十九年、西元八〇三年），自唐傳人天臺宗，因而創立日本最初的新佛教，他於天臺宗思想之外，摻以密教的神密主義，禪之實修，梵網經之大乘菩薩戒而創立天臺宗。最澄確信天臺宗教義，可視為日本建國的指導原則，「其原理的實行者，纔配作國家的指導者」，他說：「能言不能行者，國之師，能行不能言者，國之用，能行能言者，國之寶。」他請求桓武天皇承認他的教學大本營的比叡山為國立最高學府，以培養建國幹部。由於最澄學識淵博，又有遠大抱負，於是天臺宗自然的成為日本新佛教的淵源（參考陳固亭「古代中日文化關係之回溯」）。

（十七）中國風俗習慣對日本的影響

日人留唐學習，長期居留中土，生活習慣自易受中國風俗人情所同化，他們除將中國學術思想、文物制度傳入日本，構成日本文化要素外，並將中國風俗習慣傳之日本，促進日人生活的改善，例如朝服的制度，飲食的烹調，飲茶的風氣及屋宇、宮殿、官署、陵墓的建築，莫不模仿唐式。而中國風俗自秦漢以迄隋唐所完成者：如元旦的「屠蘇酒」（按荊楚歲時記云：正月一日是三元之日也，長幼以次拜賀，進屠蘇酒。）；正月七日的「七種菜」；三月上巳的「曲水宴」（按昔三月三日文人置杯於環曲流水中，賦詩遊樂。鄭國之俗三月三日上巳之日，於溱、洧二水之上，執蘭招魂，祓除不祥。曲水者，引水環曲爲渠以流酒杯而行焉。）；四月八日的「灌佛」（按卽浴佛，俗稱佛誕日，荊楚歲時記云：荊楚以四月八日，諸寺香湯浴佛，共作龍華會，以爲彌勒下生之徵也。）；五月五日的「菖蒲酒」；七月七日的「乞巧」（按荊楚歲時記云：七月七日，爲牽牛織女聚會之夜，是夕，人家婦女結綵縷穿七孔針，或以金銀鍮石爲針，陳几筵酒脯瓜菓於庭中，以乞巧，有喜子網瓜上，則以爲符應。）；七月十五日的「盂蘭盆會」（按盂蘭盆經云：是佛弟子修孝順者，應念念中憶父母，乃至七世父母，爲作盂蘭盆，施佛及僧，以報父母長養之恩。復按盂蘭盆爲倒懸之義，七月十五日施佛及僧，功德無量，可救先亡倒懸之苦。）；八月五日的「千秋節」（按是日爲唐玄宗壽日。明皇實錄云：開元十七年，百官上表請以八月五日爲千秋節，天寶七年改爲天長節。日人仿之，稱天皇誕日爲天長節。）；九月九日的「菊花酒」（按西京雜記云：菊花舒時，並採莖葉，雜黍米釀之，至來年九月九日始熟，就飲焉，故謂之菊花酒。荊楚歲時記云：九月九日，佩茱萸，食蓬耳，飲菊花酒，令人長壽。）；除夕的「大儺」（按禳祭大驅疫包。後漢書禮儀志云：先臘一日，大儺，驅除羣厲。）等勝節，傳入日本，至今不衰。

而日使入唐，並兼負貿易，他們將日本出產的砂金、水銀、錫、綿、絹等商品輸往中國，與中國的經卷、佛像、詩文、書畫、藥品、香料、食米交換，使日本上流社會的生活內容改善不少。

因之，中國人的生活方式，大規模的占領日本社會，進而促成日本文化的發展。日本自推古朝以迄宇多朝，歷隋、唐兩代三百年推行華化運動的結果，遂由散漫的氏族組織，一躍而爲簇新的華化國家。從此，中國文化與日本文化合而爲一，無法劃分，可見中國文化對日本孕育之功與影響之深。

拾柒　大唐帝國的亂亡

一　唐中葉後的禍亂

唐中葉後的禍亂最著者有六：一爲外族入寇；二爲宦官之禍；三爲朋黨之爭；四爲藩鎮抗命；五爲黃巢之亂；六爲秦宗權之亂。

二　外族入寇

安史亂後，唐帝國元氣大傷。吐蕃、回紇、南詔先後內犯，雖經平定，然國力虛耗，唐勢益衰。

（一）吐蕃入寇

安史亂起，吐蕃趁西北空虛，傾巢入寇，盡占河西、隴右、安西、北庭諸地。唐代宗廣德元年（西元七六三年）十月，吐蕃軍二十餘萬自甘肅入邠州（陝西邠縣），至奉天（陝西乾縣）、武功，長安震駭。吐蕃軍渡渭水而東，出潼關。唐代宗奔陝州（河南陝縣），長安不守。吐蕃立廣武王承宏（邠王守禮孫）爲帝，縱兵刼掠焚燒，長安一空。郭子儀反攻，吐蕃敗走，收復京師。十二月，代宗還長安。兩年後，吐蕃結回紇入寇，郭子儀安撫回紇，擊走吐蕃。然爲禍不已，不惟涇、隴蕩然，且擾及西南。唐穆宗長慶元年（西元八二一年），吐蕃求盟於唐，唐與會盟，以洮、泯二水爲界，但仍有小規模的騷擾。唐文宗時吐蕃衰亂，邊患始息。唐武宗時吐蕃內亂益熾，連年構兵。唐宣宗大中三年（西元八四九年），吐蕃的秦、原、安樂三州及石門、驛藏、制勝、石峽、木峽、六盤、蕭關等七關投降唐室；南方的維州亦爲唐收復。唐大中五年（西元八五一年），沙州（甘肅敦煌）人張義潮據沙州，奉表歸唐；其後，略定沙州附近十州地（唐稱河湟區），居民因長期淪於吐蕃，已染深度胡化。唐大中十一年（西元八五七年），吐蕃酋長尚延心以河（甘肅臨夏）、渭（甘肅隴西西南）二州部落來降，西北邊患始息。

(二) 回紇內犯

回紇助唐太宗滅東突厥後，雄視塞北。安史亂起，回紇四次援唐。安史亂時吐蕃於數年間陷唐西北數十州，朔方統帥郭子儀力主備禦吐蕃，籠絡回紇。安史亂平後，肅宗冊封回紇英武威遠毗伽闕可汗，以幼女寧國公主妻之。其後，以朔方節度使僕固懷恩女嫁回紇登果可汗(毘伽闕可汗子)。唐代宗廣德二年（西元七六四年）二月，僕固懷恩與河東節度使辛雲京不合，憤而叛唐，引回紇、吐蕃聯軍十萬人，自靈武進逼奉天，郭子儀出兵鎮奉天，懷恩引兵而退。唐永泰元年（西元七六五年）九月，懷恩又引回紇、吐蕃雜虜聯軍數十萬人分道入寇，懷恩令吐蕃趨奉天、黨項趨同州（陝西大荔）、吐谷渾趨盩厔，回紇隨吐蕃之後攻長安，形勢危急，恰懷恩中途暴死，吐蕃、回紇合兵圍涇陽（陝西涇陽），郭子儀單騎說服回紇，與之訂盟。此後，唐代宗聯回紇屢抗吐蕃入寇。唐德宗、穆宗兩朝與回紇和親。唐武宗會昌元年（西元八四一年）十二月，黠戛斯部攻破回紇，回紇被迫南下。回紇烏介可汗侵犯山西北部，會昌二年（西元八四二年）八月，武宗命諸道兵抵抗。唐會昌三年（西元八四三年）一月，烏介可汗入寇益急，振武軍劉沔於殺虎山（綏遠歸綏境）大破回紇。

「詔」義爲王，南詔卽南方之王，以今滇西爲據地。唐初南詔分蒙嶲、越柏、浪穹、澄睒、施浪、蒙舍六部，屬藏緬族。唐玄宗時六部爲蒙舍詔統一，唐開元二十六年（西元七三八年），封南詔王皮羅閣爲雲南王，賜名歸義。其後，歸義徙居太和（雲南大理南），威服羣蠻，擊破吐蕃，威脅唐室南陲。歸義死後，子閣羅鳳嗣立。天寶九載（西元七五〇年），閣羅鳳不堪雲南太守張虔陀侮辱，攻陷雲南，殺虔陀，取夷州三十二。次年，唐以劍南節度使鮮于仲通伐南詔，大敗，唐軍死六萬人。天寶十三載（西元七五四年），唐又以劍南留後李宓領兵七萬討南詔，全軍覆沒。安史亂起，南詔乘唐室內亂大肆擴展領土。

（三）南詔叛亂

唐代宗時閣羅鳳孫異牟尋立，苦吐蕃賦重而獨立，對唐亦敵視。唐大曆十四年（西元七七九年），吐蕃、南詔聯兵寇維（四川理縣西）、茂（四川茂縣）諸州，爲李晟大敗之，異牟尋又附吐蕃。唐德宗貞元十年（西元七九四年）一月，吐蕃向南詔徵兵，異牟尋率衆破吐蕃，攻佔十六城，擄吐蕃王五，俘吐蕃兵十餘萬。旋以地圖、土產及吐蕃所頒金印，遣使入唐奏捷，請復號南詔，唐德宗冊封異牟尋爲南詔王。唐文宗太和三年（西元八二九年），劍南西川節度使杜元穎削減戍卒衣糧，蜀兵多入南詔境內抄掠。南詔王豐佑以蜀兵爲嚮導，連陷嶲、戎（四川宜賓）、邛（四川邛崍）三州，進圍成都。唐貶元穎以郭釗代之，南詔兵圍成都十日而退，大掠珍寶及子女數萬口。次年，李德裕繼長劍南西川節度使，積極練兵儲糧，並索還南詔所掠子女四千人。

唐宣宗大中十三年（西元八五九年）十一月，豐佑死，子世隆立，唐以世隆名犯太宗、玄宗諱而不封，世隆乃於同年稱帝，國號大禮，遣兵陷播州（貴州遵義）。唐懿宗咸通元年（西元八六〇年），唐克播州，南詔改向東南發展，與安南土人聯兵攻陷交趾。唐咸通二年（西元八六一年），唐奪回交趾。同年，南詔陷邕州（廣西邕寧）。唐咸通三年（西元八六二年），寇安南。唐咸通四年（西元八六三年），交趾再陷，殺擄十五萬人，並據其地，唐懿宗詔諸道兵退守嶺南。唐咸通七年（西元八六六年），唐將高駢克復交趾。唐咸通十年（西元八六九年），世隆傾兵入寇，連陷嘉州（四川樂山）、黎州（西康漢源）、雅州（西康雅安）等地。唐咸通十一年（西元八七〇年），進圍成都，不克而退。其後，南詔於唐僖宗乾符元年（西元八七四年）再寇四川，唐以高駢為西川節度使，大修戰備，南詔遂止犯蜀。

三　宦官之禍

唐初宦官位卑，玄宗時內給事高力士因功擢右監門將車，掌內侍事，啓宦官干政之漸。其後，楊思勗以平南詔功，擢輔國大將軍掌兵權。玄宗以降諸帝多信任宦官，政治大權遂由宰相之手轉移於宦官，而宰相成為政令的執行者。肅宗以後諸帝（除代宗外）皆由宦官擁立，天子既藉宦官之力得位，宦官自然操縱政治；如肅宗之信任李輔國而專橫跋扈；代宗任程元振為驃騎大將軍，氣焰尤過輔國，又以魚朝恩為天下觀軍容宣慰處置使，專掌禁兵，挾制中外，郭子儀、李光弼均受其牽掣。德宗時禁軍（神策軍）由宦官典管，朝廷安危繫於其手。其後，順帝因宦官脅迫而退位；憲宗為宦官陳宏志所殺；敬宗為宦官劉克明所弒。帝位的廢立操之於宦官，宰相不得預知，公卿大臣倚伏受制，雄藩鉅鎮每與聯絡；如馬元贄之立憲宗；王守澄之立穆宗、文宗；仇士良之立武宗；王宗實之立懿宗；劉竹深之立僖宗；楊復恭之立昭宗，紊亂綱紀，敗壞朝政，爲唐衰亡的一大關鍵。

宦官勢力過大，勢必與朝廷發生權利衝突；順宗時大臣王叔文謀奪宦官兵權，失敗被貶逐；文宗時宰相李訓謀誅宦官，以恢復宰相權力，反爲宦官所殺。

宦官既握大權，朝廷如不與之鬪爭，便須依附，宦官亦因爭權而分裂，影響朝臣的衝突，釀成晚唐的黨爭。

四 朋黨之爭

黨爭規模最大，影響國運最鉅的是「牛李黨爭」，各植私黨，互相攻訐、排擠。牛黨以牛僧孺、李宗閔、李逢吉爲首；李黨以李吉甫、李德裕父子及裴度、元稹爲首。依附牛黨者多出身進士科，擅詩賦，放浪不羈，爲科舉制度所產生的新興政治勢力；依附李黨者多爲北朝世族後裔，北朝世族自北魏以來注重經學和實際政治，輕視隋唐以詩賦出身的進士，代表當時世族大姓的政治勢力。黨爭起因於憲宗的藩鎮政策，憲宗決意削弱藩鎮，主張用兵，時李吉甫爲相，與裴度、元稹等皆主用兵；牛僧孺、李宗閔、李逢吉等則主安撫。宦官亦分用兵和安撫二派。憲宗主戰，主戰派宦官得勢，李黨進而與之勾結，以遂其用兵政策。此後，牛、李二黨鬪爭劇烈，其得勢與否視所依附宦官勢力而定。

穆宗時李德裕爲翰林學士，叱李宗閔，李逢吉乃請穆宗任牛僧孺爲宰相，逼走德裕，觀察浙西。迨文宗立，任德裕爲兵部尙書，宗閔得宦官助，復排德裕，再遷西川節度使。德裕益怨牛黨，附李黨者羣起攻擊牛黨。武宗即位，召德裕主政，爲李黨全盛時代，盡貶牛黨。宣宗即位，惡德裕專擅遷荆南節度使，旋貶崖州而死，爲牛黨全盛時代。大體言之，憲宗、武宗時代爲李黨盛期；穆宗、敬宗、宣宗時代爲牛黨盛期。宣宗以後，宦官警覺分裂的危險而團結，於是唐代四十年的黨爭始息。

五　藩鎭抗命

中唐以來由於宦官專權與朝臣黨爭，導致藩鎭坐大，終至不可控制。藩鎭即節度使，原爲防邊而設。安史亂平，爲安撫武夫降將，唐又於河南、關中、江南、淮南等道增設節度使，以爲酬庸。

藩鎭中最跋扈的是河北的魏博（大名）、盧龍（北平）、成德（正定）；山東的淄青（益都）；河南的淮西（汝南）等節度使。他們原屬安祿山、史思明舊部，或爲歸化的胡人，或爲胡化的漢人，各擁重兵，互相勾結，抗命朝廷；辟吏不經朝命，租賦不輸中樞，節度使死，由子弟或衆將所推戴的部將繼任，稱「留後」，俟朝命下達稱節度使，唐廷唯有承認既成事實，形成世襲或推選。朝廷力不能制，爲禍凡一百餘年。

德宗即位，頗思振作，力矯肅宗、代宗兩朝對藩鎭姑息政策。唐建中二年（西元七八一年）一月，成德節度使李寶臣死，子惟岳自稱留後，德宗不允。於是成德、盧龍、魏博、淄青、淮西諸鎭於唐建中三年（西元七八二年）叛唐；朱滔稱冀王（朱泚弟據盧龍鎭），田悅稱魏王（田承嗣子據魏博鎭），王武俊稱趙王（恆冀團練使），李納稱齊王（李懷王子據淄青鎭），共推朱滔爲盟主；而淮西鎭李希烈自稱大楚皇帝。唐建中四年（西元七八三年）十月，德宗詔涇原（甘肅涇川）兵入援，節度使姚令言將涇原兵五千至長安，因賞賜太薄作亂，德宗出奔奉天。涇原叛兵擁朱泚（前涇原節度使）為大秦皇帝，改元應天，國號「漢」。朱泚進圍奉天，河中節度使李懷光率兵援救，於醴泉擊敗泚兵，奉天圍解。嗣懷光因與宰相盧杞不合，引兵歸鎮，脅迫唐廷將杞驅逐未果。時李晟軍勢日盛，懷光大懼，乃於唐興元元年（西元七八四年）二月，反於咸陽，進攻奉天。德宗奔梁州（陝西南鄭東），以待李晟收復長安。三月，懷光率眾返河中。德宗駐蹕梁州以陸贄為謀士，赦諸鎮叛亂罪，一意消滅朱泚，規復長安。六月，李晟、渾瑊等收復長安。朱泚、姚令言率部西走，欲投吐蕃，沿途散亡，泚及令言均為部屬所殺。七月，德宗還長安，慰撫李晟、渾瑊。唐貞元元年（西元七八五年）八月，馬燧往河中說服懷光的河中守將徐庭光，馬燧軍進逼河中，懷光自縊而死，河中叛亂平。

唐憲宗元和十年（西元八一五年）一月，淮西節度使吳元濟叛，縱兵侵掠，迫近洛陽一帶，唐廷發十道兵討之。六月，憲宗用裴度為宰相，度謂憲宗：「淮西心腹之疾，不可不除，且朝廷業已討之，兩河跋扈者將視此高下，不可中止。」憲宗乃決心制裁強藩，先平西川、夏綏（陝西橫山）、鎮海（江蘇鎮江）三鎮，魏博鎮自以河北六州歸誠。繼平淮西鎮，成德鎮懼而獻地。最後討平淄青鎮，盧龍鎮亦上表受命。六十年來，朝令不行於兩河，至是復為王土，形式上全國統一，號為中興。但藩鎮根基未能拔除，穆宗即位，河北三鎮又叛，討之無效。直至唐亡，河北三鎮猶未收復。

六　黃巢之亂

唐自中葉以後，外則異族入寇，內則藩鎮抗命，宦官亂紀，朋黨爭權，國家元氣斲喪，已呈衰亡之象。懿宗末年關東水旱為災，州縣隱匿災情不報，民無依靠，流為餓殍，相聚為盜。僖宗初立，年僅十四，祇知嬉戲，政事一委宦官田令孜，國事益亂，民心益離。唐乾符元年（西元八七四年），濮州（山東濮縣）王仙芝聚衆數千，倡亂於長垣（山東長垣）。唐乾符二年（西元八七五年）五月，仙芝攻濮、曹（山東曹縣）二州，轉進河南、淮南、江南地區騷擾，黃巢起而響應。巢山東寃句人，善騎射，喜任俠，粗涉書傳，屢試進士不第，遂與仙芝販私鹽成鉅富。唐乾符五年（西元八七八年）二月，招討使曾元裕大破仙芝於黃梅（湖北黃梅），殺賊五萬餘人，斬仙芝首送長安，餘賊散亡。黃巢收其餘衆，自山東入河南，趨湖北，沿江東下，經浙江入閩、粵，下交趾，所經之地蹂躪殆遍。唐乾符六年（西元八七九年）七月，黃巢攻占廣州，上表請授廣州節度使，唐廷不允，黃巢大憤，而軍中大疫，乃率衆二十萬北還；由廣州攻入湖南、江西、安徽。唐廣明元年（西元八八〇年）七月，黃巢率衆自采石磯渡江入河南，十一月，攻陷洛陽，十二月，入潼關，破長安。僖宗經興元（陝西南鄭）出奔成都。黃巢僭國號「大齊」，改元金統，自稱大齊皇帝。藩鎮據地自守，袖手旁觀。唐中和二年（西元八八二年）九月，黃巢兵勢漸蹙，部將朱溫遂舉華州（陝西華縣）降唐，僖宗賜名全忠，命為河中行營招討副使，朱溫借沙陀兵入援。時雁門節度使沙陀人李克用兵力最強，率沙陀兵於唐中和三年（西元八八三年）四月破黃巢，收復長安。黃巢逃出潼關，東取蔡州（河南汝南），蔡州節度使秦宗權降於黃巢。李克用追擊黃巢，唐中和四年（西元八八四年）六月，黃巢敗退瑕邱（山東滋陽），賊衆殆盡，部屬林言（黃巢甥）殺黃巢及其家族，獻巢首於僖宗。黃巢為亂十年，至此平定。

黃巢之亂，所過鷄犬不留，中原和江右人民大舉南遷，以閩南、粵東為避難之所，其語言習俗久而未變，卽今日以閩、粵為主的客家人之由來。

七　秦宗權之亂

黃巢亂平，秦宗權繼起叛亂，侵掠蔡州附近各州，唐僖宗光啓元年（西元八八五年）一月，僭號稱帝。剽掠焚殺，行軍常車載鹽屍為糧，殘暴甚於黃巢。六月，攻陷洛陽，占據月餘，焚掠一空。唐光啓三年（西元八八七年）四月，宗權攻汴州（開封）為朱全忠所敗。宗權橫行關東、江、淮五年，所至之地極目千里，無復煙火，焚殺之慘較黃巢尤甚。唐昭宗龍紀元年（西元八八九年）二月，朱全忠擊潰宗權，逮送長安殺之，亂平。

八　藩鎮火併

黃巢亂平後，唐室以節度使名義酬功，畀李克用為河東節度使（治太原），朱溫為宣武節度使（治汴梁），大河南北崛起二大新興勢力，藩鎮火併愈烈，黃河南北原有藩鎮漸為河東、宣武二鎮所併。嗣後李克用等干涉朝政，尤以克用為驕橫，一度攻入長安。昭宗嗣立，依鳳翔節度使李茂貞以立國。

九　朱溫篡唐

唐昭宗大順二年（西元八九一年），宦官楊復恭反，李茂貞平之，茂貞繼而專橫，擅殺大臣，陰謀廢立；李克用起兵討之，茂貞謝罪。唐光化三年（西元九〇〇年），宰相崔胤殺宦官宋道弼等，宦黨劉季述幽禁昭宗於東宮。唐天復元年（西元九〇一年），胤殺季述，昭宗復位，宦官韓全海勾結李茂貞。同年，崔胤召朱溫入京誅宦官，全海逼昭宗幸鳳翔。唐天復二年（西元九〇二年），朱溫攻鳳翔，茂貞殺全海以和。唐天復三年（西元九〇三年），朱溫殺崔胤，盡誅宦官，昭宗封朱溫爲梁王，命還鎮宣武，朱溫乃遷昭宗於洛陽，弒之而立哀帝（昭宣帝），獨攬朝政。唐天祐四年（西元九〇七年），朱溫篡唐，廢弒哀帝自立，遷都開封，國號梁，是爲梁太祖。唐自高祖李淵立國至哀帝止，歷二十主，得國二百九十年亡。

自朱溫篡唐稱梁，開五代之始。所謂五代是指梁、唐、晉、漢、周而言，五興五滅，歷時五十三年，易五朝八姓十三主，稱帝稱王篡奪相尋。史家爲避免與前代混淆，乃稱後梁、後唐、後晉、後漢、後周。名義上五代繼承唐的正統政權，實際上僅統有黃河南北。每一朝代多者十餘年，少則四載。梁、周二朝爲漢族所建，餘屬沙陀族。唐四君三姓，周三君二姓，餘皆二君一姓；除唐明宗及晉、周君主善終外，餘皆被弒。此一歷史階段可目爲唐代藩鎮的延續，故近人有以五代爲國史上「大動亂時期」的代表。

參考書目

繆鳳林：國史要略
羅香林：唐詩與中國文化交流之關係
徐亮之：中韓關係史話
王婆楞：歷代征倭文獻考
嚴耕望：新羅留唐學生與僧徒
陳固亭：古代中日文化關係之回溯
彭國棟：中韓使節詩話
韓道誠：中韓文化同源舉隅
姚從吾：唐客卿高麗高仙芝遠征怛羅斯與中國造紙術的西入歐洲
梁容若：唐秘書監晁衡事輯
蘇瑩輝：中韓金石文字因緣
王儀：中國通史
王儀：中韓關係與日本
林泰輔：朝鮮通史（日）

木宮泰彥：中日交通史（日）
懷風藻（日）
日本書紀（日）
隋書
新唐書
舊唐書
資治通鑑唐紀
星野：日本國考（日）
文獻通考
馭戎慨言（日）
續高僧傳圓光傳
高僧鑑眞傳
東西洋考
後藤末雄：日本中國西洋（日）
續日本紀（日）
德川光國：大日本史
日本國志（日）

日本紀略（日）
東大寺要錄（日）
日本高僧傳要文抄（日）
伍俶：日本之漢詩

中華史地叢書

隋唐與後三韓關係及日本遣隋使遣唐使運動

作　　者／王　儀　著
主　　編／劉郁君
美術編輯／中華書局編輯部

出 版 者／中華書局
發 行 人／張敏君
行銷經理／王新君
地　　址／11494 臺北市內湖區舊宗路二段181巷8號5樓
客服專線／02-8797-8396　　傳　　真／02-8797-8909
網　　址／www.chunghwabook.com.tw
匯款帳號／華南商業銀行　西湖分行
179-10-002693-1　中華書局股份有限公司

法律顧問／安侯法律事務所
印刷公司／維中科技有限公司　海瑞印刷品有限公司
出版日期／2015年3月再版
版本備註／據1972年10月初版復刻重製
定　　價／NTD 266

國家圖書館出版品預行編目（CIP）資料

隋唐與後三韓關係及日本遣隋使遣唐使運動 /
王儀著. — 再版. — 臺北市 : 中華書局,
2015.03
面 ; 公分. — (中華史地叢書)
ISBN 978-957-43-2404-0(平裝)
1.中韓關係 2.中日韓係 3.隋唐史

641.13　　104006393

NO.G0015
ISBN 978-957-43-2399-9（平裝）